Tito Macia

El Arte de Leer el Cielo

2° Parte

Tránsitos Planetarios por las 12 Casas

El Arte de Leer el Cielo
2º Parte
Tránsitos planetarios por las 12 Casas
Tito Maciá
Published by The Little French eBooks

Published 2021

Contenido:

Dedicatoria.

A Loli.

Parte 1

Poniendo el primer reloj en marcha

1.01 La carta del cielo de nacimiento como un reloj

La carta del cielo de nacimiento es una modalidad de mapa celeste que se comporta como un reloj de tecnología muy antigua, pero de absoluta precisión, un reloj que no necesita mecanismo alguno. Una de las formas más sencillas de poner ese reloj astrológico en marcha, es comparar el movimiento celeste real con la carta del cielo de tu nacimiento. Conviene pensar que la carta del cielo natal es la base fija de todos los relojes astrológicos personales que más adelante iremos construyendo.

La carta del cielo de nacimiento es una foto fija, una figura que siempre está quieta, inmóvil, sobre la que van impactando los ciclos y los tránsitos planetarios.

Los movimientos de los planetas en el cielo son el primer mecanismo del reloj astrológico que se conoce y el más fácil de comprender. Los planetas en su movimiento celeste natural, van dejando notar su influencia conforme van llegando al lugar del Sol de nacimiento, al lugar de la Luna, o al lugar de otros planetas, son como nubes cargadas de agua que cuando llegan a ciertos lugares apropiados, descargan su agua en forma de lluvia. De igual manera se nota la influencia de los tránsitos de los planetas cuando van entrando y pasando por cada una de las diferentes Casas astrológicas, las cuales ya conocemos y fueron explicadas en el texto anterior de Astrología fácil. Los tránsitos planetarios van descargando sus lluvias celestes, dejando húmedo el terreno de lo que suelte el planeta, y siempre encuentran un cauce para fluir.

Los tránsitos de los planetas sobre la carta del cielo de nacimiento dejan notar su influencia de un modo fácil de identificar, lo cual nos permite realizar todo tipo de análisis sobre acontecimientos sucedidos, y también nos puede servir para formular pronósticos sobre acontecimientos, o incidencias del futuro.

Los tránsitos planetarios son el primer mecanismo astrológico, una maquinaria que se mueve sola, no hay que hacer nada, tan solo observar el cielo y ver como se refleja ese movimiento celeste, sobre la carta del cielo de nacimiento de cualquier persona.

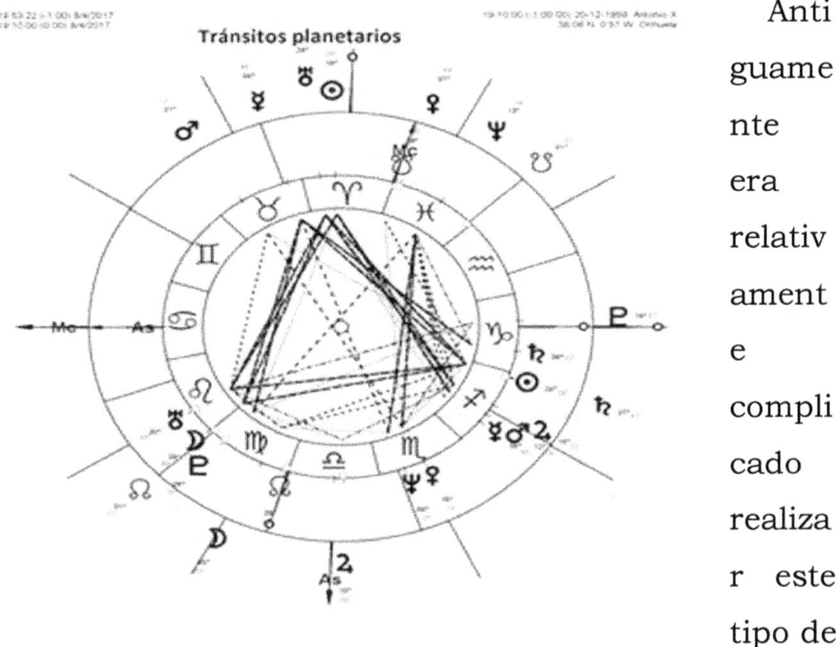

Antiguamente era relativamente complicado realizar este tipo de observación, pues había que estar mirando el cielo cada noche, para ir viendo por dónde viajan los planetas y anotando sus posiciones. Hoy día el asunto es muy fácil, o bien se observa la posición de los planetas a través de un libro de “Efemérides” donde vienen las posiciones de los planetas en el cielo día a día, o bien usando cualquier programa de astrología, utilizando la función de “tránsitos”, y entonces te aparecen en pantalla dos cartas; una por el interior, que es la carta de nacimiento y otra por el exterior que son los tránsitos del día.

Este sistema de observación te permite realizar análisis sobre asuntos que sucedieron en el pasado, también sirven, igualmente, para reflexionar sobre el presente, y de igual manera se pueden utilizar para formular pronósticos sobre el futuro.

Así que por ser el sistema más sencillo, vamos a empezar a trabajar sobre los tránsitos planetarios, sobre las 12 las Casas astrológicas, de tal manera que podrías ir observando tus propios tránsitos a través del tiempo.

1.02 La influencia astrológica es, en cierta medida, semejante a la meteorológica

Podemos pensar que la influencia de los tránsitos planetarios para un astrólogo, en cierta medida, es semejante a la influencia meteorológica para un campesino, una persona que labra su tierra, siembra y cuida sus plantas de la mejor manera pero que el éxito o el fracaso de su cosecha, dependen mucho de las alteraciones meteorológicas. Imagínate un tránsito de Marte para un campesino, los cuales pueden ser días de labrar y pasar calor sofocante, o un tránsito de Saturno que el mismo campesino lo puede sentir como un pedrisco que cae en su huerto, o una helada que echa a perder su cosecha. Mientras que un tránsito de Venus o de Júpiter, se puede comparar con un tiempo cálido y húmedo en el huerto, y el mundo del agricultor.

La carta del cielo de nacimiento es semejante al huerto del hortelano, mientras que los tránsitos son los cambios meteorológicos, a los que estarán expuestos sus cultivos durante el año. Si la tierra es buena y el hortelano es eficaz, con buenos tiempos habrá buenas cosechas y en malos tiempos algo sacará, pero en mala tierra y con malos hortelanos, ni en buenos tiempos se logran buenas cosechas. Eso quiere decir que un buen tránsito del planeta Júpiter puede ser muy enriquecedor para unas personas, mientras que otras no saben sacar provecho del "ángel".

Míralo así: Imagínate que los planetas del cielo son los ángeles que van trayendo sus mensajes, y ofreciendo su ayuda a los seres humanos, o sea, a nosotros. En el asunto de los ángeles hay que tener cuidadito, porque hay ángeles buenos y ángeles malitos, hay ángeles malos: "malages" dicen los gitanos. No es lo mismo que te venga a visitar un buen ángel, como se puede notar en un tránsito de Venus o Júpiter, los cuales siempre tienden a traernos a través de buenas personas, buenos mensajes de amor, paz o cosas que nos provocan alegría o sensación de libertad y de bienestar. Y no es igual que te venga a visitar un "malage" como Marte, Saturno o Plutón, los cuales tienen otras formas de dejar notar su influencia y siempre te dejan dolor, cansancio o amargura.

Parte 2

2.01 El planeta promisor

Los astrólogos de la antigüedad usaban un lenguaje peculiar para explicar el tema de los tránsitos de los planetas. Al planeta que tenemos en nuestra carta del cielo del nacimiento le llamaban planeta "radix", o radical, pero a ese mismo planeta, cuando se mueve en el cielo y se transforma en el planeta que transita, entonces le llamaban el "promisor", es decir, el planeta que promete que ciertos eventos se pueden manifestar cuando llegue su tiempo.

Cuando analizamos el tránsito de un planeta, conviene imaginar que el planeta que se mueve en el cielo es como un dios maya de esos que llevan una carga de tiempo, aunque es mucho más fácil imaginar a un mochilero, una persona que lleva en la espalda una mochila cargada con las cosas del planeta, tanto lo propio de su naturaleza esencial, como su naturaleza adquirida por hallarse en una Casa y en unas condiciones determinadas. Fíjate que diferencia hay entre un muchacho que lleva en su mochila los libros de estudiar, y otro que lleva en su mochila explosivos, como ocurre con el planeta Plutón, el cual suele llevar en su mochila muerte y destrucción.

Un planeta como Marte siempre puedes imaginarlo como a un mochilero, el cual trae una carga que promete trabajo, esfuerzo, o agitación, cualquier cosa menos paz y tranquilidad. Cuando viene un tránsito de Marte hay que ponerse manos a la obra. Puedes pensar en un campesino cuando le llega Marte: su nombre antiguo era Ares, de Ares o arar, de arar o labrar, de labrar o laborar, de laborar o trabajar, y si no peor aún, discutir, lidiar o competir con otros, eso promete Marte cuando llega por tránsito a los lugares sensibles, como cuando llega el tránsito de Marte al Sol, a la Luna, o al Ascendente o a cualquier planeta personal.

El planeta promisor trae consigo lo que le es natural y propio, además lo que adquiere por hallarse en la carta natal, en una Casa determinada. Eso hace que la influencia del planeta sea diferente entre una persona y otra, incluso entre dos hermanos gemelos, los cuales pueden tener a Marte en diferentes Casas, porque cuando nacen no caben dos cabezas por el mismo hueco, y lo normal es que haya que esperar un rato entre un nacimiento y otro, Marte puede comportarse de modo diferente.

Dispongo de algunos casos donde esto se observa claramente.

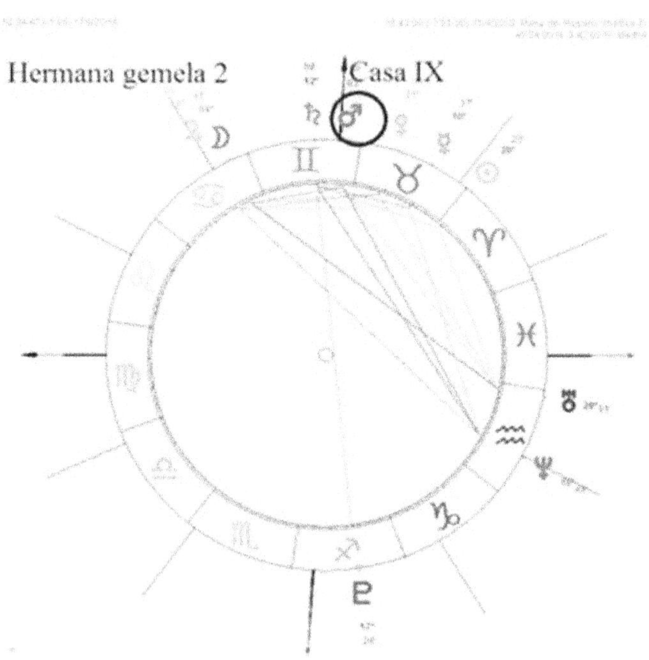

La primera hermana tiene al planeta Marte en la Casa IX, lo cual significa que ese Marte trae una carga de maestrías o de experiencias en viajes o deportes, mientras que la hermana segunda tiene a Marte en la cúspide de la Casa X, desde donde Marte arrastrará su significado de emprendimiento, y también de una relación con la madre diferente a la primera hermana, pues la Casa X es el sector que representa a la madre.

No es lo mismo que el planeta Marte se encuentre en la carta de nacimiento en la Casa VI, y ello significa que arrastra o lleva consigo trabajo, a que otra persona tenga a Marte en la Casa III. Porque entonces Marte arrastra o lleva consigo un significado de viajar, de moverse o de hablar mucho.

El planeta que se mueve en cielo es el transitante o el "promisor", y conviene saber que siempre su influencia tendrá un condicionante causado por su posición radical, por ello hay que tener en cuenta la Casa que viene, su Estado Cósmico, los aspectos con los cuales se relaciona con los demás cuerpos celestes y su "dispositor," porque toda esa "carga" la arrastrará consigo y la irá llevando a los lugares por donde transite.

2.03 El planeta dispositor

El dispositor o disponedor es el planeta que rige el signo donde se ubica otro planeta, de tal manera que cualquier otro astro que tenga dispositor está a las órdenes de su "disponedor" o dispositor, lo cual es lo mismo al decir que el planeta regente del signo, influye de manera importante sobre cualquier planeta que se localice en ese signo.

El planeta que hace de promisor arrastra su significado o su naturaleza adquirida, junto con su naturaleza esencial, y lo lleva hasta los diferentes lugares de la carta. El planeta que transita o promisor tiñe o influye en el signo que recorre, pero siempre es el planeta dispositor, es decir el regente del signo donde se ubica el planeta promisor al nacer, el que domina o condiciona al promisor, que actúa como le gustaría actuar con los modos o con los significados del planeta que lo disposita, y que ahora hace el tránsito, por eso un mismo planeta tiene una influencia distinta en cada persona. Es como los perritos, que cada uno tiene su dueño aunque sean de la misma raza.

Parte 3

3.0 La influencia de los aspectos

Los tránsitos de los planetas por las Casas, están absolutamente condicionados a la influencia de los aspectos que forman los panetas que transitan, los promisores, con los planetas de la carta natal, los planetas del radix, y no es lo mismo un tránsito por cuadratura que otro por trígono u otro aspecto.

Para facilitar la tarea interpretativa de los aspectos en tránsito, expondré unos bloques de palabras, clave, de alta definición, los cuales deben servir para sustituir al lenguaje astrológico cuando procedamos a la interpretación de los aspectos, y en vez de decir que viene una "cuadratura", conviene decir que viene "trabajo", por ejemplo.

La interpretación de los aspectos forma el núcleo central de la expresión artística de la astrología, a pesar de que aquí se presente una interpretación aparentemente estructurada, nada más lejos de mi intención. Las palabras, clave, serán de la misma utilidad que los tubos de colores para los pintores. Servirán para que a través de su combinación, podamos expresar con facilidad la influencia de los planetas en sus tránsitos.

3.01 Palabras y frases clave de los aspectos

Conjunción	**Semisextil**
unión	Adquisiciones
acuerdo	Préstamos
Acoplamiento	fianzas
alianzas	Ocupaciones
Adhesiones	Asunciones
Confluencias	Apropiaciones
Combinación	intereses
Avenimientos	ventajas
semicuadratura	**Sextil**
Especulaciones	Promesas
pruebas	Proposiciones
Exigencias	Compromisos
Temores	ofrecimientos
Preocupaciones	aspiraciones
Reflexiones	intentos
Requerimientos	utopías
Fricciones	proyectos

septil	**quintilio**
sorpresas	avisos
asombros	advertencias
impresiones	notificaciones
turbaciones	artificios
desconciertos	alivios
imprevistos	desahogos
olvidos	llamadas
maravillas	remisiones

cuadratura	**trígono**
esfuerzos	privilegios
inconvenientes	protecciones
materializaciones	integraciones
cansancio	facilidades
hostilidades	favores
sufrimientos	ayudas
trabajos	compensaciones
deterioros	rehabilitaciones

sesquicuadratura	**biquintilio**
desenlaces	cambios
ceses	alteraciones
interrupciones	modificaciones
paros	vicisitudes
descansos	recuperaciones
treguas	reivindicaciones
dones	reintegros
soluciones	compensaciones
quincucio	**oposición**
encargos	desgastes
aficiones	contrariedades
transferencias	impedimentos
transmisiones	enfrentamientos
traspasos	antagonismos
cesiones	conflictos
relaciones	rivalidades
vínculos	ataduras

3.02 Ampliación del significado de las palabras clave

Ampliando el significado de las palabras, clave, el significado general de la influencia de los tránsitos de los planetas, por los aspectos que va formando, es el siguiente:

3.03 Semisextil 30°

La influencia del semisextil se escenifica en modo adquisiciones, situaciones con personas o lugares en las que en ese tiempo, se hace propio un derecho o una cosa, ganada o conseguida con el trabajo o el esfuerzo. También puede dejar notar su influencia en forma de préstamos, obligaciones, cumplimiento de una promesa, tomas de posesión de algún lugar, cosa o nuevo asunto. Normalmente cuando se forma uno de estos aspectos, permite tener alguna superioridad o ser mejores que otros, una condición favorable con la que se supera a otros en esa etapa de la vida.

3.04 Semicuadratura 45°

La influencia del aspecto de semicuadratura, suele ser un poco tensa y se nota siempre como un aumento de la adrenalina. A veces refleja circunstancias, las cuales obligan a justificar nuestras acciones o pensamientos ante otras personas, momentos en los que debemos demostrar la veracidad de nuestras capacidades o nuestro conocimientos, o un examen de cualquier tipo. Pueden ser también situaciones en las que sentimos recelos, porque nos hagan daño, y procuramos rehuir a ciertos lugares. O personas, por considerarlos molestos, irritantes o incómodos. En ciertos casos la influencia del semisextil sale a escena en modo de avisos a los que debemos dar pronta respuesta, o en forma de fuertes inducciones o persuasiones muy directas como pueden ser los requerimientos. Pretensiones desmedidas hacia lugares, personas o cosas, o demandas imperiosas de otras personas que llegan a molestarnos. Temores, preocupaciones, fricciones nuevas consideraciones, meditaciones y reflexiones, asuntos que nos obligan a pensar bien las cosas y a prestar más atención. En el plano psicológico se pueden notar angustias causadas por factores crónicos, como la rabia reprimida o impulsos de actuar sexualmente. En todos los casos en ese tiempo hay una producción aumentada de adrenalina, y mucha estimulación psicosocial.

3.05 Septil 52°

Sorpresas, situaciones o cosas nuevas que aparecen ante nosotros de manera desprevenida y provocan la sensación de maravilla, o de algo raro e incomprensible. Impresión inesperada o imprevista que nos crean admiración y quedamos asombrados e impresionados. Turbaciones, acontecimientos algo confusos, desconciertos que conmueven el ánimo. Situación desconcertante, asuntos que suponen un desorden que nos hace decir o pensar las cosas sin la serenidad y el orden acostumbrados. Imprevistos, situaciones que no habíamos pensado con anterioridad y en las que no sabemos bien como responder a ellas. Olvidos que se hacen presentes como asuntos que deberíamos haber resuelto con anterioridad. Situaciones en las que nos encontramos con ideas, cosas, lugares o personas que nos causan admiración y sorpresa.

3.06 Sextil 60º

Proposiciones, declaraciones o exposiciones razonadas que ponen en nuestro conocimiento asuntos, o ideas para inducirnos a adoptarlas. Son consejos para que obtengamos algún beneficio. Aumento de las aspiraciones, acompañadas de pretensiones, o deseos de lograr algún cargo, dignidad o cosa que inducen a realizar nuevos intentos. Sensación de tener las intenciones claras. De la voluntad brotan pensamientos o propósitos nuevos, es el año de los proyectos, cuando nos disponemos a idear, trazar, disponer de planes o medios para ejecutar una acción, una obra o un viaje.

3.07 Quintilio 72º

Este aspecto tiene una doble lectura, cuando el aspecto se dirige hacia la cuadratura o cuando sale de esta y se dirige hacia el sextil. Lo que se denomina de ida o de vuelta. En el quintilio de ida, el planeta que forma aspecto con el Sol, se aleja de este, mientras que en el de vuelta, se aproxima. Quintilio de ida: avisos, circunstancias, indicios o indicaciones de precaución, atención o cuidado que nos provocan estados de alerta, advertencias, llamadas, notificaciones de cierta importancia, escritos o noticias que nos hacen saber de manera oficial un propósito o un precepto a seguir. Incidentes que sirven para alertarnos sobre posibles inconvenientes y nos permiten prevenir futuros deterioros. A causa de todo ello debemos crear nuevos artificios, nos vemos obligados a inventar o concebir con nuestro ingenio y nuestra habilidad, algo nuevo para superar un asunto. Mientras que cuando el quintilio es de vuelta, y se dirige al sextil, señala alivios y representa circunstancias en las que algo se aligera o deja de ser molesto, quitándonos algún peso o responsabilidad, mitigando o aportando mejoría a una situación. Desahogos que permiten una mayor libertad o menor obligación. Mejoras en el estado de ánimo por eliminación de inconvenientes. Remisiones, son situaciones en las que se nos permite eximirnos o liberarnos de una obligación, deuda u hostilidad.

3.08 Cuadratura 90°

Época de esfuerzos, momentos en los que tenemos que emplear energía o nuestra fuerza, o vigor, para poner en marcha o conseguir una cosa venciendo dificultades. Siempre surgen inconvenientes y obstáculos para relacionarnos con personas, con daños y molestias que nos hacen decir o hacer cosas fuera de razón o de sentido. Materializaciones a través del esfuerzo o de la acción, épocas de cansancio físico en las que llegan a faltarnos fuerzas a causa de personas, o asuntos que suponen sobreesfuerzos, o actividades duras o demasiado tensas. Es difícil librarse de trabajos en los que tenemos que ocuparnos en alguna cosa que requiere atención, esfuerzo y tiempo y que no podemos eludir.

Deterioros, en los cuales podemos vernos en situaciones en las que puede echarse a perder una cosa, o se malogra una relación con pérdida o descrédito. También señala malos tratos o accidentes en los que pueden producirse lesiones.

3.09 Trígono 120°

La influencia de los tránsitos planetarios cuando forman trígonos con los planetas personales se suele notar en forma de privilegios, gracia o libertad que nos permite librarnos de alguna obligación, la cual los demás padecen. Se suelen sentir protecciones de personas, o lugares, con las que podemos encontrar amparo o defensa a lo largo de este tiempo. El trígono se puede dejar notar en forma de integraciones, facilidades para integrarse, es en ese tiempo cuando resulta fácil establecer contactos con otros, y se hace cómodo para formar parte de algún asunto. Con los trígonos todo se manifiesta en facilidades, es más sencillo hacer las cosas o tener relaciones sin demasiada dificultad. Buena oportunidad que nos propicia hacer algo y recibir favores, siempre aparecen situaciones, lugares o momentos propicios en los que recibimos alguna satisfacción o beneficio por parte de otros. Se reciben y se dan ayudas, se presta o se recibe la cooperación especial de otros, poniendo los medios necesarios para el logro de una cosa o relación. Compensaciones en las que podemos resarcirnos de algún daño o perjuicio causado con anterioridad. Rehabilitaciones o libertades que permiten que las relaciones con cosas perdidas, o la salud, puedan ser recuperadas, restablecidas, regeneradas, reconstituidas o rejuvenecidas.

3.10 Sesquicuadratura 135°

La sesquicuadratura es otro aspecto donde se nota mucho la diferencia, cuando es de ida y se dirige hacia la oposición es muy distinto a cuando se dirige hacia el trígono.

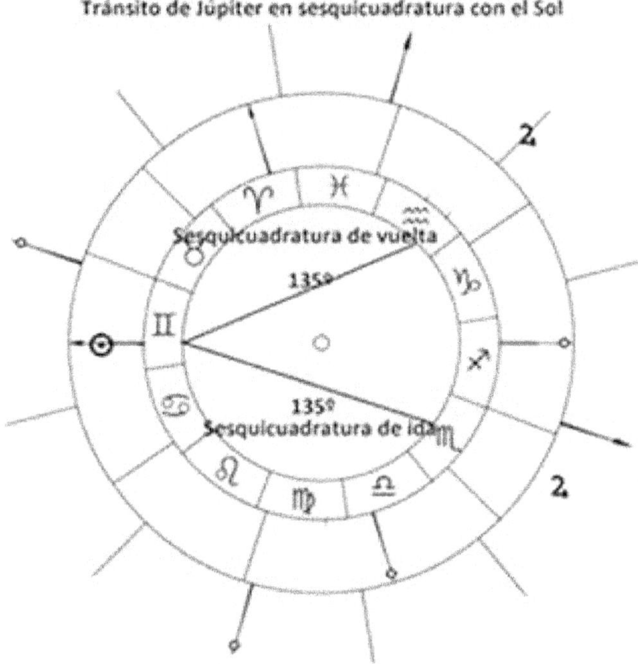

Cuando el aspecto es de ida suelen ocurrir desenlaces, acontecimientos en los que se suelta lo que estaba sujeto, o se muestra lo que estaba oculto, introduciendo discordia en una relación o trabajo que anteriormente estaba en buena correspondencia. Bajo esa influencia tendemos a tomar decisiones que implican un cese, o se producen situaciones en las cuales debemos dejar lo que estábamos haciendo, o dejar de desempeñar algún cargo o empleo, provocándonos una sensación de merma. En muchos casos simplemente son interrupciones en el desarrollo normal de los quehaceres, son cortes que impiden la continuación de algún trabajo, proyecto, relación o actividad, que nos hacen sentirnos privados de lo que esperábamos. Para algunos representan paros o sucesos, los cuales pueden causar la supresión de la actividad que se estaba realizando, o que la posterga hasta otro momento.

Sin embargo la sesquicuadratura de vuelta, aunque también detiene, es más suave y se puede vivir como descansos o circunstancias, en las que se nos permite dejar alguna actividad o relación con el fin de reparar fuerzas o de reposar. También representa treguas que permiten la cesación de ciertas hostilidades o molestias que nos facilitan, durante este año, la tranquilidad. Para muchos señala dones o gratificaciones que se reciben por la actividad, el esfuerzo, el trabajo o la relación habida hasta este momento, como puede ser un buen despido. Es el año de las soluciones en el que se resuelven las tensiones o las dificultades que nos oprimían.

3.11 Biquintilio 144°

Este aspecto como el anterior también tiene dos direcciones, cuando es de ida y se dirige a la oposición, señala cambios, es cuando no queda más remedio que enmendar una actitud, una relación o cosa, o reemplazarla por una diferente para mejorarla. Siempre se producen alteraciones que generan una cierta inquietud y predisponen a una variación en la manera de proceder o en el ánimo. Algo debe ser modificado a causa de las influencias del medio, que limitan, determinan o restringen las relaciones o las cosas. Durante ciertos periodos de este año suelen vivirse toda una serie de vicisitudes, o incidentes en las que se percibe una inconstancia de los acontecimientos afortunados, alternándose con otros menos afortunados. Pero cuando el biquintilio es de regreso y se dirige hacia el trígono es señal de recuperaciones, es una época en la que se vuelve a poseer lo que antes se tenía y que se consideraba perdido, recobrando o restableciendo una relación, un puesto de trabajo o una cosa. Reivindicaciones, acontecimientos en los que se reclama lo que a uno le pertenece. Si no existen otros aspectos que lo impidan es tiempo de reintegros, o restituciones de asuntos, cosas, bienes o cargos que se restablecen íntegramente, son reposiciones o devoluciones, que se viven como compensaciones, o beneficios que se obtienen o que se reciben como resarcimiento de pesares o trabajos anteriores.

3.12 Quincucio150°

Este aspecto, como los anteriores, también tiene doble lectura. El quincucio de vuelta, cuando el planeta más rápido se dirige, después de realizar este aspecto, hacia el trígono, señala sujeciones a otras personas o derechos sobre personas, lugares o cosas, adquiridos sin esfuerzo. Decisiones que toman otras personas por nosotros y que nos benefician. Aficiones o bastante tiempo libre. Normalmente está activo cuando se tienen muchas relaciones con personas o cosas que pasan de un lugar a otro, sin compromisos y con libertad. Por otro lado siempre suelen aparecer asuntos que implican llevar, mudar o hacernos pasar de un puesto a otro, de similar categoría. El quincucio de ida es más movido e implica traspasos o traslados de una cosa, de una persona o de nosotros mismo, de un lugar a otro con cambio de titularidades. Significa decisiones que otros toman por uno y que no le benefician, pues se debe ceder o renunciar a alguna cosa, posesión o derecho. Cuando está activo es una época de muchas relaciones o conexiones entre unas cosas y otras, incidentes en los que se cruzan asuntos o unas personas con otras. Si es de ida, se considera perjudicial y si es de retorno benéfico. Para los profesionales libres señala encargos en las que aparecen cosas, lugares o personas que ponen a su cuidado y crean la obligación de elaborar, prevenir o aconsejar.

3.13 Oposición 180º

Desgastes, situaciones de consumo de energía, que nos hacen perder fuerza o vigor y no nos permiten el buen aprovechamiento de una cosa, persona o lugar, dejándonos la sensación de haber desperdiciado el tiempo, dinero o atención. Contrariedades o incidentes con personas en lugares, que nos obliga a resistir, o encontrarnos con otros que contradicen nuestras intenciones o propósitos y retardan el logro de un deseo. Impedimentos con situaciones que imposibilitan la ejecución de una cosa, en las que intervienen personas que resultan un inconveniente, o un estorbo que dificulta la realización de algo. Enfrentamientos con personas que ejercen una fuerza contraria, en algún sentido, para estorbar o impedir nuestros antagonismos, cuando nos encontramos a personas con las que debemos competir consumiendo energía, tiempo o dinero, y que no siempre tienen el resultado apetecido y son fuente de conflictos y momentos de apuro, en situaciones desgraciadas y de difícil salida en las que nos vemos obligados a luchar abiertamente, pues siempre aparecen rivalidades o situaciones en las que nos conseguimos con personas que aspiran a obtener lo mismo que nosotros, y que suelen provocar combates o luchas. Ataduras o momentos en los que no podemos hacer las cosas por nosotros mismos, y nuestros objetivos dependen de la actuación de otros.

Parte 4

4.0 Los tránsitos de los planetas por el Ascendente y la Casa I

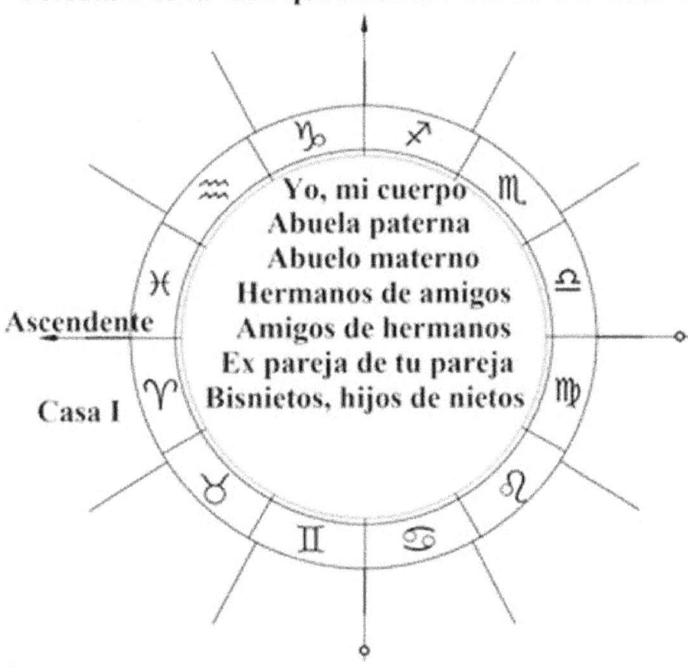

La Casa I es el torno del "Alfarero" celeste, el Prometeo que pone barro sobre el torno, y con un simple dedo deja que se mueva la mesa giratoria y va dando forma a nuestro cuerpo. Los tránsitos de los planetas actúan como alfareros suplentes y, mientras dura su tránsito por la Casa I, van modelando nuestro cuerpo a su gusto.

Es tan intensa la influencia del tránsito de los planetas por la Casa I, que afecta al cuerpo y al aspecto físico. Cuando llega el tránsito de Júpiter se puede aumentar un 10% el peso corporal de media, si pasa Saturno se puede disminuir un 10% el peso. Si resulta que Júpiter pasa por la Casa I en Sagitario, los ocho kilos los reparte a cuatro kilos en cada muslo, pero si tienes a Cáncer en la Casa I, se te puede poner barriga de embarazo y si tienes Escorpio, no engordas ni aunque te ceben. Y cuando pasa Saturno al revés, si tienes a Sagitario en la Casa I te quedas sin culo de estar sentada/o.

En esta misma Casa I salen a escena la abuela paterna y el abuelo materno, dos personajes que puede actuar igualmente de alfareros y también nos dan forma. Es muy normal encontrar mucho parecido con alguno de los abuelos. He visto casos en los que el nieto y el abuelo parecen clones.

4.01. Marte, el primer "malaje"

Marte es considerado el primer "malaje", es el "pinche" Marte, como dirían los mexicanos. Una de las formas en la que deja notar su influencia es a través de la "posesión" de cualquier persona. Creo que esto merece que te lo explique despacito. Una de las formas en las que actúa la influencia astrológica es como si fuera un fenómeno parapsicológico, donde el paciente padece una "posesión", la influencia astrológica actúa de ese modo parapsicológico, primero provoca una obsesión, una idea que obsesiona y no te puedes librar de ella y luego viene la "posesión". Un ejemplo fácil es una chica que de momento se enamora, no importa de quién, se obsesiona con el amor, hasta que es poseída por la diosa Venus y decide seducir al que se le ponga en mente. Pero Venus es un buen ángel que induce al amor, la paz y el arte. Si la obsesión o la posesión vienen de la mano de Marte, entonces prepárate porque cuando te posee Marte tienes que mostrar lo marciano que eres, el valor, la fuerza o el vigor que tienes.

Para que te hagas una idea de cómo se nota la posesión de Marte vale la pena recordar la aventura con mi amigo Charlie, ocurrida en los primeros días de enero del año 2004, justo cuando el planeta Marte pasaba por el Ascendente de la carta de nacimiento de Charlie, esa aventura es buen ejemplo de cómo se nota la influencia del planeta Marte.

En los primeros días de enero, después de pasar la fiesta de año nuevo en un bello hotelito de Tafi del Valle, nos lanzamos a la aventura más difícil jamás

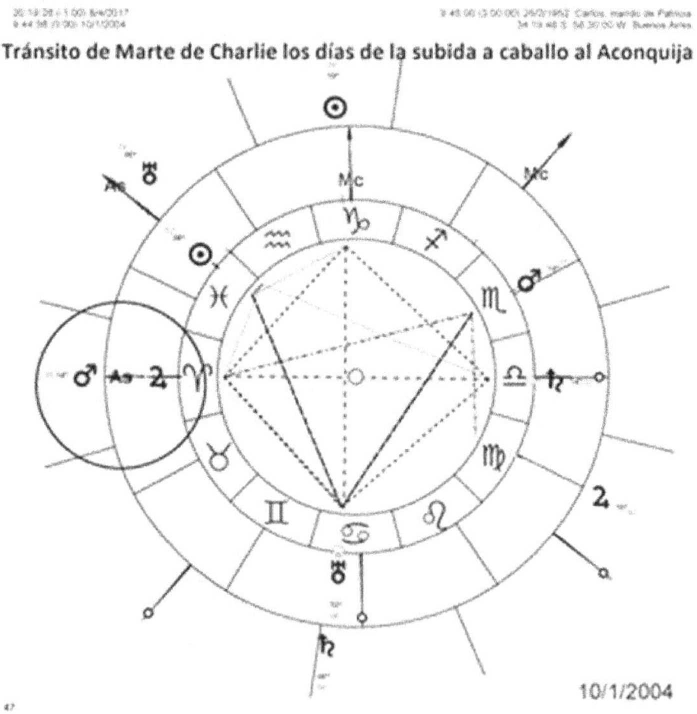

Tránsito de Marte de Charlie los días de la subida a caballo al Aconquija

10/1/2004

emprendida por Charlie. Ignorábamos la dificultad, tanto Charlie como yo tenemos un componente Aries muy fuerte, y eso nos hace directamente ingenuos, por eso nos pasa lo que nos pasa. La influencia del planeta Marte, que en esos días de enero estaba en el signo de Aries, nos poseyó de tal manera que sin pensar en riesgos de ningún tipo, sin experiencia ninguna, sin la preparación física adecuada, nos lanzó a la conquista de Intihuatana, la puerta del Sol más alta del mundo, allá en las alturas del Aconquija en busca de la Ciudacita, el observatorio astronómico de mayor altura del mundo, donde está la puerta del cielo más elevada, un lugar extraordinario en que se localizan los restos de un templo observatorio de los incas a casi 6.000 metros de altura.

La suerte que tuvo Charlie es que tiene, en la carta del cielo de su nacimiento al planeta Júpiter en pleno Ascendente, lo que sin duda reflejaba a una persona montada en caballo, o en burro. Y a Charlie el "Guionista", ese día le puso una burra blanca debajo de las piernas y eso le salvó la vida.

Conviene aclarar que la zona de influencia del Ascendente tiene una horquilla de unos grados por encima y por debajo de la raya que lo señala, y no se ciñe al mismo grado de la línea, de tal manera que cuando Marte llega a unos dos grados por encima, ya comienza a dejar notar su influencia.

Con el tránsito de Marte por su Ascendente ahí tienes tú a Charlie montado sobre una burra blanca hasta llegar a las alturas del Aconquija, así y todo fue uno de los esfuerzos más grandes que tuvo que hacer en su vida, y el dolor de cabeza más peligroso también, tanto él como yo padecimos el mal de altura, mientras que Patricia, su mujer, que tenía el tránsito de Marte en formato de trígono, no sufrió nada ni aparentó cansancio.

Marte es un pinche tirano que te martiriza, y cuando pasa por tránsito por tu Ascendente te obliga a demostrar la fuerza, la potencia o la valentía de la que dispones, lo arriesgado que eres. Primero te obsesiona con una idea, un proyecto, una intención, muchas veces lo hace a través del impulso vocacional y si al final logra poseerte, te lleva a situaciones que siempre tienen algún tipo de riesgo, que tienen algo excitante o irritante o bien que suponen un esfuerzo.

Te puedes imaginar lo bueno que es saber esto, pues cuando quieres orientar a alguna persona para que comience a hacer ejercicio o ir al gimnasio, le puedes dar las fechas en las que el planeta Marte va a pasar por tránsito sobre su Ascendente, de ese modo ayudas a que a la persona le resulte fácil iniciar ejercicio físico. También puedes pensar que si Marte está pasando por el Ascendente resulta más fácil tomar decisiones, cortar por lo sano, tirar por calle de en medio y todas esas cosas propias de la naturaleza de Marte. Pero hay que tener cuidadito con los tránsitos de Marte por la Casa I ya que esta Casa es fiel reflejo del cuerpo, y si Marte se esquina o se enfrenta con otro planeta pueden ocurrir cortes, heridas, quemaduras, pequeñas operaciones, agujetas, dolor de cabeza, celos, excitación sexual, y todo lo que es propio de la influencia de Marte.

4.02 El paso de Venus por el Ascendente

Mientras qué si se trata de un tránsito de Venus, puede ocurrir que te inviten a una fiesta o cualquier lugar donde tengas que ir con bonita o buena ropa, y donde seguramente te harán una foto. En los días en que pasa el tránsito del planeta Venus por el Ascendente las personas se vuelven más lozanas, algo así como les ocurre a los árboles, que por viejos que sean, cuando llega la primavera dejan brotar hojas nuevas y florecen, de igual manera nos pasa a nosotros cuando pasa el tránsito de Venus por el Ascendente y la Casa I. Las mujeres se ponen más guapas y los hombres engordan un poquito de barriga, y así, año a año, un poquito de barriga un año y otro poquito al otro año. Cuando llegas a los sesenta, la barriga se sale de sitio y se queda redondita, como le gusta a Venus.

La influencia de Marte por el Ascendente y la Casa I era buena para ir al gimnasio, pero Venus quiere fiesta, cervecitas, o jugos raros, según cada uno; comiditas sabrosas y amor, lo demás no le interesa, a Venus no le hables de gimnasia ni de deporte, háblale de arte o de música y no la fatigues con esfuerzos. Por eso cuando nos pasa Venus por el Ascendente y la Casa I, su influencia nos induce a mostramos en la faceta Venus que tenemos, nos puede salir en modo arte, belleza y también nos puede agarrar por la pereza. Sabiendo esto puedes programarte la vida un poco mejor, tanto para ti como para tus relaciones con los demás.

Suponte que quieres ir a ver a tu amigo Antonio para proponerle un trabajo, y vas un día en que le está pasando Venus por la Casa I, lo más seguro es que no se anime a trabajar. Pero si vas a proponerle un trabajo cuando está pasando Marte, seguramente aceptará de inmediato o estará más predispuesto a trabajar.

Y así, cada uno de los tránsitos de los planetas va dejando notar su influencia cuando pasan por el Ascendente y la Casa I. Piensa en la idea original de la obra de teatro que tenemos que escenificar. Cuando llega el tránsito de Marte tenemos que interpretar el papel de villano, mientras que cuando llega el planeta Venus nos toca interpretar el papel de galán, tenemos que hacernos el bueno, el gracioso o el guapo o guapa, según seas.

4.03 Mercurio por el Ascendente. Rol de comunicador

Cuando te llega el tránsito de Mercurio, algo que ocurre todos los años, te pones las gafas de leer, pones cara inteligente y empiezas a explicar, contar, decir, negociar, a hablar o preguntar, con una curiosidad como hacía muchos meses que no ocurría. Cada uno según su carta. Si tienes planetas en la Casa VII, cuando pasa Mercurio por la Casa I, formará oposiciones con esos planetas, entonces se puede pensar que durante los días en que pasa el tránsito de Mercurio por la Casa I, hay que dar explicaciones, negociar algunas cosas, o hablar con la pareja como hace meses que no se hacía.

El tránsito del planeta Marte pasa una vez cada dos años por el Ascendente, su influencia se nota como las cosechas de cereales, que son bianuales, mientras que los tránsitos de Venus y Mercurio ocurren todos los años y son como las cosechas de fresas y melones, aunque no todos los años llegan en la misma fecha ni están igual de sabrosos.

4.04 Júpiter por la Casa I tiempo de engordar

Otra cosa son los tránsitos de los planetas lentos como Júpiter. Cuando llega el tránsito de Júpiter al Ascendente y atraviesa la Casa I, se genera una tendencia al aumento de peso, y si pasa por la Luna también. Esos tránsitos de Júpiter y Saturno hay que conocerlos y estar preparado para aprovechar su influencia. Es del género tonto intentar imponerse una dieta para adelgazar en el año en que Júpiter está transitando por la Casa I, eso es ir contracorriente. El tránsito de Júpiter nos ofrece la oportunidad de actuar en la Opera Prima como "deus piter", como divos, un papel que requiere que saques del armario la ropa elegante para reunirte con los nobles, con las personas de alto nivel social, religioso o académico. Imagínate que tienes que vestirte para ir a reunirte con el señor Obispo o para mantener un encuentro con el juez del distrito. Esa misma ropa que usas para visitar a este tipo de personajes, es la que hay que usar durante el tiempo del tránsito de

Júpiter por la Casa I, para hacer el papel de Júpiter, es decir de "divo".

Aunque no hace falta que te cambies de ropa, o si ocurre que te vas de viaje, otra de las formas en las que se nota la influencia de Júpiter, pues cuando vas de "giri", es decir, de turista, tú haces de Júpiter en la película de los que te ven pasar y que pretenden venderte suvenir, para ellos tú eres Júpiter, las "vaquitas" que vienen todos los años.

De un modo u otro, el papel de Júpiter siempre se disfruta porque cuando pasa por la Casa I, ese año te llevan a comer a buenos restaurantes y te hacen sentirte rico, colmado o satisfecho, tanto es así que se engorda un promedio de ocho kilos en un año, a veces más y otras veces menos, incluso hay personas que no engordan porque tienen a Virgo o Escorpio en el Ascendente, pero a los demás si se les suele notar.

4.05 Saturno por la Casa I tiempo de adelgazar

Mientras que cuando llega el tránsito de Saturno al Ascendente, y pasa por la Casa I la tendencia es a adelgazar, y si pasa por el mismo lugar donde está la Luna también se adelgaza.

Los tránsitos de Saturno sobre las Casas suelen durar un poco más de dos años, dependiendo del tamaño de la Casa que es diferente en cada persona; hay quienes tienen la casa I de un tamaño de 40º, mientras que otras personas pueden tener menos de 25º, por ello el tiempo de tránsito de Saturno se puede alargar hasta tres años.

Durante este periodo de tiempo se suele producir una transformación del carácter, y lo normal es que se asuma durante ese momento un nuevo papel de responsabilidad. En algunos casos es el tiempo de asumir el papel de padre, de patrono o de asumir un cargo o puesto profesional, después de pasar unos años preparando la oposición o similar.

Por eso, es este tiempo, el cual dura el tránsito de Saturno por la Casa I, una época en la que nos volvemos más disciplinados y constantes en las acciones. Poco a poco nos volvemos más eruditos, o instruidos, es un tiempo en el que se averiguan o se practican nuevas conductas, el comportamiento se vuelve más severo y se aprecian nuevos valores como el tesón, la insistencia y la tenacidad.

La influencia del tránsito de Saturno por la Casa I se nota sobre nuestra personalidad social, es cuando se incorpora el papel de padre, patrón o persona responsable. Siempre, de un modo u otro debemos adoptar un nuevo rol más serio, en el que tenemos que adoptar un patrón de conducta o un modelo social nuevo y más formal.

En la influencia sobre el cuerpo, además de la tendencia a adelgazar, con el tránsito de Saturno es normal que te duela alguna muela o te den algún disgusto, el que finalmente te ayuda a adelgazar.

Esto de los tránsitos de Saturno es como el tráfico por el cual te ves obligado a pasar para llegar a tu destino.

4.06 Urano por el Ascendente y la Casa I. La revolución personal

La influencia de Urano se nota como una mano que agarra un reloj de arena, el cual ya estaba sin granos, arriba, y le da la vuelta al reloj para que vuelvan a caer los granos de arena. Cada uno de nosotros tiene al planeta Urano en una Casa con una configuración única, lo cual significa que la influencia de Urano la notaremos de diferentes maneras cada uno. Por ejemplo, si tienes Urano en la Casa V, como me ocurre a mí, cuando llega Urano al Ascendente, ese vuelco que te la vida está escenificado a través de los personajes propios de la Casa V como son los hijos. Mientras que en otros casos cuando Urano viene desde la Casa VII natal, el escenario del matrimonio puede dejar notar su influencia a través de las relaciones de pareja, en modo de separación o integración dependiendo de cada caso, pero siempre en un giro de 180° en la vida a causa, o a través de los personajes que representa Urano en cada caso.

Con el tránsito de Urano por la casa I, a lo largo de unos siete años se tiende a vivir sin depender de los demás, seguramente se sentirá atraído por profesiones liberales; el carácter y las pautas de comportamiento suelen sufrir una transformación, imprevisible tan solo unos años atrás. Se empieza a actuar de manera poco convencional, el temperamento se vuelve más inquieto y se transforma uno en una persona algo excéntrica e independiente para los demás. Es el tiempo de cambiar de semblante, de vida, de profesión, de relaciones. Durante estos años se siente que un fuerte impulso hacia la aventura, hacia la innovación, invade todas las actividades, cambiando las situaciones anteriores o aportando nuevas ideas con las que dirigir y organizar este nuevo periodo de su vida. En muchos casos es el tiempo de separarse de una pareja, o un socio.

4.07 Neptuno por el Ascendente y la Casa I Formamos nuestro grupo

El tránsito de Neptuno por las Casas suele durar una media de 13 años, por ello no se deben esperar cambios bruscos a medio plazo, sino que se experimenta una larga metamorfosis que solo es perceptible después de los primeros años. En la Casa I afecta directamente al carácter y las pautas de conducta; durante ese tiempo se aprende a ser más cauteloso, reservado, a callar u ocultar las ideas o sentimientos. Es un periodo en el que el psiquismo se vuelve mucho más permeable, más sensible, afectivo, emotivo y sentimental. El esquema del "todos somos uno ", emerge con mucha fuerza y determina nuevas pautas de comportamiento. En el plano de los acontecimientos suele ser el tiempo de gregarizarse, agruparse con los demás, pertenecer a alguna agrupación con la que identificarse, ya sea política, religiosa o de cualquier naturaleza.

4.08. Plutón por el Ascendente y la Casa I

El Ave Fénix

Durante los años de este tránsito suele producirse una importante transformación del carácter, de las pautas de comportamiento y de los hábitos. Después de este tiempo nada es igual que antes, ni el aspecto físico, ni el temperamento, ni la manera de expresarse. Suelen vivirse situaciones difíciles, a veces límite, en las que se deben transformar todas las maneras de comportarse. Generalmente se produce un cambio radical en los proyectos y esperanzas en la vida, que a veces conllevan largos desplazamientos o cambios de residencia.

Parte 5

5.0 Tránsitos de los planetas Casa II

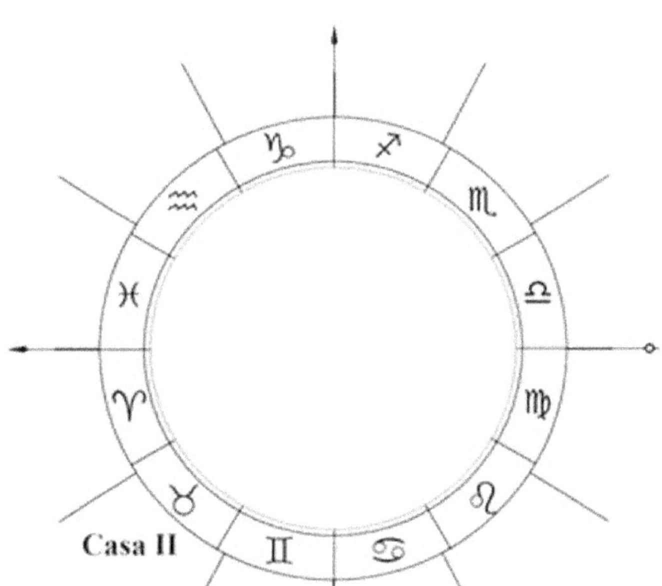

5.01 Marte en la Casa II. Tiempo de gastos

Cada dos años poco más o menos, el tránsito del planeta Marte ocurre en la Casa II, el escenario del dinero, de los bancos, de los asuntos relacionados con el dinero o la economía. Es fácil imaginar una escena de la entrada de Marte en la Casa II: –¡Alto! ¡¡Manos arriba!!! ¡Esto es un atraco! Esa podría ser la escena en un Banco, de una película en la que se representa la entrada de Marte en la Casa II.

Siempre que ocurre el tránsito de Marte por la Casa II, ocurren cosas que nos obligan a mover más dinero, lo normal es tener que pagar o gastar más de lo que entra, es corriente sufrir un poco por cuestiones de dinero, no se debe olvidar de Marte: el martirio y que es un "malage" que siempre te obliga a estar alerta, lo contrario de relajado. Si quieres hacer pronósticos la cosa es bastante fácil, hay que observar si hay planetas en las Casas X o VI, porque si los hubiera cuando llegue el tránsito de trígono, es decir de 120º entre el planeta que transita por la Casa II y los planetas de la Casa VI, significan oportunidades profesionales o laborales con algún tipo de riesgo o puesta en marcha de una nueva actividad, las cuales pueden incrementar los ingresos.

Pero si hay planetas en la Casa V, entonces significa gastos a causa de los hijos o por inversiones, o si hay planetas en la VIII son pagos, pagos y más pagos. Y de ese modo, dependiendo de cada persona el tránsito de Marte, o de cualquier otro planeta por la Casa II, se puede notar en modo de ganancias o gastos, en función de los aspectos que vayan formando con los demás planetas de esa carta.

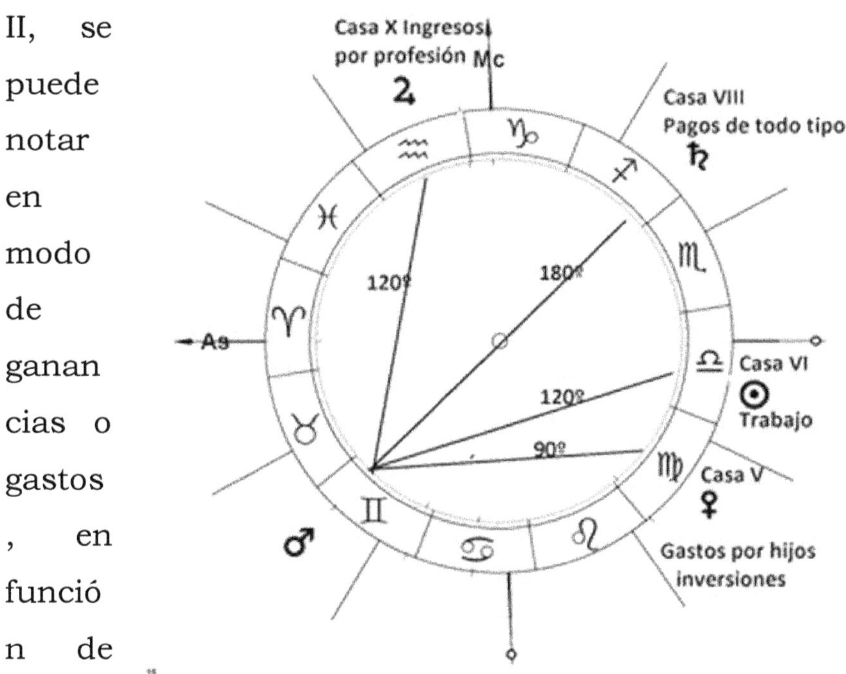

Parece evidente que si no tienes planetas en la Casa VI o en la Casa X, los escenarios del trabajo y la profesión, cuando lleguen los tránsitos de los planetas por la Casa II, no habrá oportunidades disponibles, pues el planeta que transita por la Casa II, no formará aspectos de trígono con ningún planeta de la carta natal.

5.02 Mercurio transitando por la Casa II. Tiempo de negociar

El tránsito de Mercurio por la Casa II ocurre todos los años, y viene a durar una media de un mes, a veces se produce una retrogradación y entonces puede estar en esta, o cualquier otra Casa, varios meses.

En general la influencia de tránsito de Mercurio por la Casa II nos hace sentir la necesidad de cambiar algo, cualquier cosa o idea, por dinero o realizar algún pequeño negocio. Durante ese tiempo suelen escenificarse acontecimientos de tipo económico, son días en los que el pensamiento puede estar atado a cuestiones económicas, es cuando surgen las oportunidades para poder realizar trapicheos o intercambios, trueques o negocios. Es en ese tiempo cuando es más probable recibir ingresos de dinero por trabajos, o servicios realizados.

5.03 Venus en la Casa II, alegría por dinero

Cada año, durante unas semanas, se suavizan las tensiones en los temas financieros. Si eres un mendigo de esquina, es el día en que pasa una persona rica, medio enferma, con sentimiento de culpa y te sopla un billete grande en el bote de las limosnas, pero si no eres tan pobre entonces son días en que te llega dinero de cobre para comprar cositas que te gustan. Digo dinero de cobre porque antiguamente había monedas de oro, que tienen relación con el Sol y son monedas de ahorro, y eso es así porque el Sol rige el signo de Leo que a su vez se corresponde con la Casa V, donde están los ahorros, los cuales finalmente son para los hijos o para invertir, según cada cual. Por otro lado, las monedas de plata se relacionan con la Luna y son las que servían para pagar la construcción de la casa, del hogar. Mientras que las monedas de cobre tienen una relación con Venus, y son las que se usaban, entre otras cosas, para ir al mercado o para pagar los servicios de amor.

Con el tránsito de Venus por la Casa II duele haber dinero disponible para comprarse ropa íntima, perfumes, cosméticos, bombones, ropa bonita, y cosas por el estilo que se puedan relacionar con Venus. Si eres hombre y tienes hijas puede ser que el dinero se lo lleven tus hijas o tu pareja, y si eres mujer también parte del dinero se lo lleva tu hija y quizás algún pendejo que te ha robado el corazón.

5.04 Júpiter por la Casa II. Mejoras económicas

Cada doce años el planeta Júpiter, en sus tránsitos, deja notar su influencia en la Casa II, cuando eso ocurre suele abrirse una fuente de ingresos, y eso es más seguro si la persona tiene planetas en las Casas VI o X, pues entonces el tránsito del planeta Júpiter tendrá la oportunidad de rentabilizar un trabajo o un cargo profesional. El tránsito de Júpiter por la Casa II suele notarse como prosperidad económica, nuevas ganancias, buenos negocios, operaciones rentables y nuevas oportunidades para mejorar económicamente.

Al mismo tiempo que el tránsito de Júpiter por la Casa II, puede ir formando aspectos de trígono con los planetas que hubiese en las Casas VI y X, también pueden formar aspectos de cuadratura con los planetas que hubiese en las Casas V, el escenario de los hijos, los ahorros y las inversiones o en la Casa

XI, y en el escenario de los viajes en compañía. Si hay planetas en la Casa V, se puede pensar que el dinero ganado se lo gastará pagándole a sus hijos un viaje, o bien los guardará como ahorro a plazo fijo, o lo que es peor, el dinero ganado lo invertirá en vaya usted a saber qué, con el consiguiente riesgo de perderlo.

Si hay un planeta en la Casa XI, en algún momento del tránsito de Júpiter por la Casa II se formará una cuadratura con ese planeta, lo que significa que el dinero ganado, los beneficios obtenidos, las mejoras económicas serán usadas para financiar viajes especiales, puede ser de vacaciones, culturales, deportivos o profesionales, pero en todos los casos, buena parte de los beneficios obtenidos se los llevan las agencias de viaje.

De un modo u otro el tránsito de Júpiter por la Casa II, se nota como las lluvias de abril que llegan todos los años, menos algunos cuando hay sequías, pues con Júpiter es igual, siempre vienen mejoras económicas salvo en algunas ocasiones que, como el mismo clima, falla, así que de los tránsitos nunca te puedes fiar del todo, pues son como los pimientos de Padrón, que unos pican y otros no.

5.05 Saturno transitado por la Casa II. Restricciones y control sobre el dinero

Los tránsitos de Saturno por la Casa II son duros de llevar, es como la llegada de un invierno muy largo que nunca termina, el campo no florece, los árboles no dan frutos, las semillas se las comieron los ratones, solo hay para comer lo que tenemos por los cajones. Lo normal es que se sienta algo así, como que se cierra el chorro del dinero. Casi siempre es un tiempo de restricción económica o mayor control sobre el dinero, y en muchos casos es cuando se obtiene dinero por la venta de alguna casa vieja, antigua o tierras que se tenían desde hace tiempo.

Saturno es un "malaje", por eso su paso por esta Casa provoca temores, preocupaciones e inquietudes, ya que casi siempre significa una reducción de ingresos o aumento de los gastos o pérdidas económicas.

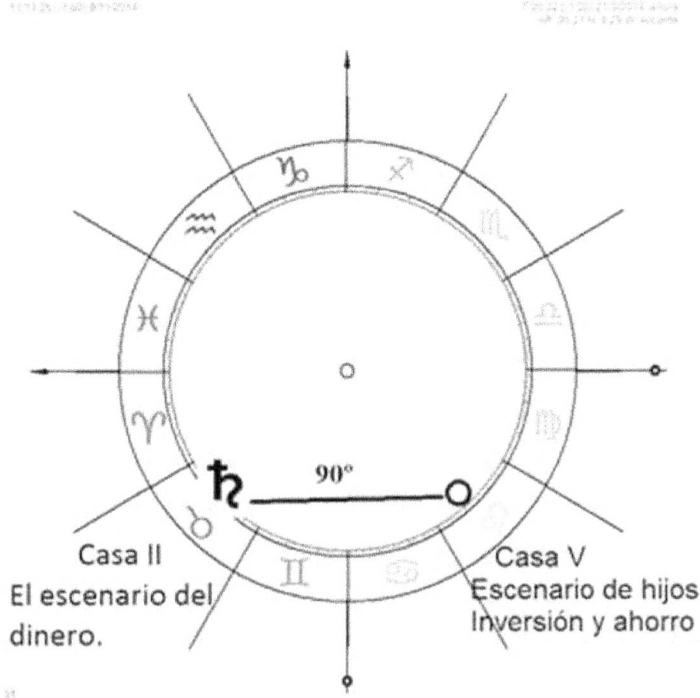

Si tienes planetas en la Casa V, significa que tienes hijos y que Saturno inevitablemente formará aspecto de cuadratura con los planetas en esa Casa, y eso significa aumento de gastos causados por los hijos. Pero lo peor que he visto son las malas cuadraturas de Saturno con los planetas de la Casa XI, un sector donde aparecen los amigos, los clientes, los yernos, las nueras y los ahijados. Lo normal es que alguno de esos personajes te pida dinero prestado, o algo de crédito que nunca te va a devolver, o cuando te lo devuelve ha pasado tanto tiempo que ya ni te importa ese dinero.

5.06 Urano transitando por la Casa II, Revolución económica

Pero si es el planeta Urano el que entra en la Casa II, la cosa cambia por completo, con Urano llega la revolución económica, suele coincidir con los años en los que dejamos de ir al banco y todas las operaciones financieras las realizamos desde nuestra propia casa, usando nuestra computadora personal y los servicios de Internet.

Con el paso de Urano por la Casa II el dinero se obtiene de modo irregular, unos días hay ingresos y otros no, con una alternancia igualmente irregular, por eso es un tiempo en el que no se puede saber qué ingresos van a haber en los próximos meses, es cuando toca cambiar el modo de ganarse la vida, es tiempo de modernizarse y de aprender a ganar dinero a través de Internet o de cualquier otro adelanto tecnológico si lo hubiera, pues Urano refleja todo aquello que es nuevo, que antes no existía, lo novedoso, por eso es difícil pronosticar el modo en que se va escenificar, pero en el caso que nos ocupa, la influencia de Urano en la Casa II, su influencia siempre tendrá una relación con el dinero, el modo de ganarlo y la forma de gastarlo, que siempre serán gastos ocasionados por la compra de nuevos aparatos eléctricos o de comunicación, de nueva tecnología y de viajes por avión. Con el tránsito de Urano el dinero pasa a ser virtual, desaparecen los billetes y surgen las tarjetas electrónicas de todo tipo, y los pagos y los cobros se vuelven en su mayor parte electrónicos, o por cuenta bancaria. El dinero real apenas se usa.

5.07 Neptuno navegando por la Casa II

Para los egipcios, los dioses celestes navegaban en sus embarcaciones para moverse en el amplio cielo.

Neptuno es el dios de los mares, por eso digo que navega por la Casa II, su influencia se nota como una inundación en un Barco ¿Te imaginas? Si piensas en un Barco antiguo donde guardaban el dinero, los valores y las joyas, cuando los apuntes de ingresos y reintegros los escribía un señor con manguitos, de esos con gomas en los brazos, con visera para protegerse de la bombilla y tomando sus notas en una libreta. Pues en eso, imagínate que llega una inundación al Barco, se estropea la libreta, se inunda la caja y ya no se sabe dónde está el dinero ni cuánto hay, ni de quién es. A rio revuelto ganancia de pescadores.

Júpiter, Neptuno y Plutón, en la mitología griega, en la cual basamos nuestras interpretaciones, eran hermanos, los tres suelen traer riqueza, el matiz es que el dinero que viene en el tiempo de Neptuno, puede ser dinero en B o dinero de crédito, de préstamos o de tarjetas de crédito. Cuando transita Neptuno por la Casa II, suele coincidir con el tiempo en que el dinero entra por la "puerta de atrás", o que es un dinero secreto, o que es mejor que no se sepa, o que es preferible disimular. En otros casos es cuando se mueve dinero que pertenece a un grupo o una compañía. Pero si tú quieres afinar sobre la procedencia del dinero tienes que fijarte en la posición inicial de Neptuno, pues si está en la Casa VI, es normal que arrastre un significado laboral de trabajo, mientras que quien tenga a Neptuno en la VII de nacimiento, cuando le llegue el tránsito de Neptuno a la II, se escenificará en modo dinero B que proviene de sociedades o por su pareja, mientras que si está en la Casa VIII, será por realizar servicios de consulta a los demás, pero si está en la Casa IX, el dinero puede ser por negocios internacionales; también puede ser por la labor docente, por las maestrías adquiridas o por actividades lúdicas o de hostelería.

De un modo u otro, con el tránsito de Neptuno se aumentan las ganancias, y también aparecen nuevos gastos a causa de temas relacionados con la mejora de la salud.

5.08 Plutón irrumpiendo en la Casa II

El tránsito de Plutón por la Casa II también puede dejar su huella. Lo normal, lo que suele ocurrir con mayor frecuencia es que durante el tránsito de Plutón por el sector del dinero, se obtenga un dinero o unos bienes procedentes de la herencia de la madre o similar. El tránsito de Plutón por la Casa II, tiene un cierto parecido con lo que ocurre en los bosques caducifolios con la llegada del otoño húmedo, cuando la materia putrefacta se transforma en vida, las hojas caídas y secas se descomponen, y facilitan el nacimiento de los hongos y las setas. Cuando llega Plutón a la Casa II, brota el dinero de los muertos, sobre todo el dinero y los bienes que proceden de la herencia que deja la madre o la familia. También puede venir en forma de dinero de los finales, de las liquidaciones, y a veces, de los premios. Eso depende de la posición de Plutón, pues si viene de la Casa X, que es el escenario de la madre, es más posible que sea dinero o bienes de ella, pero si Plutón estaba en la Casa XI, entonces el dinero podría venir de un premio.

Parte 6

6.0 Los tránsitos de los planetas Casa III

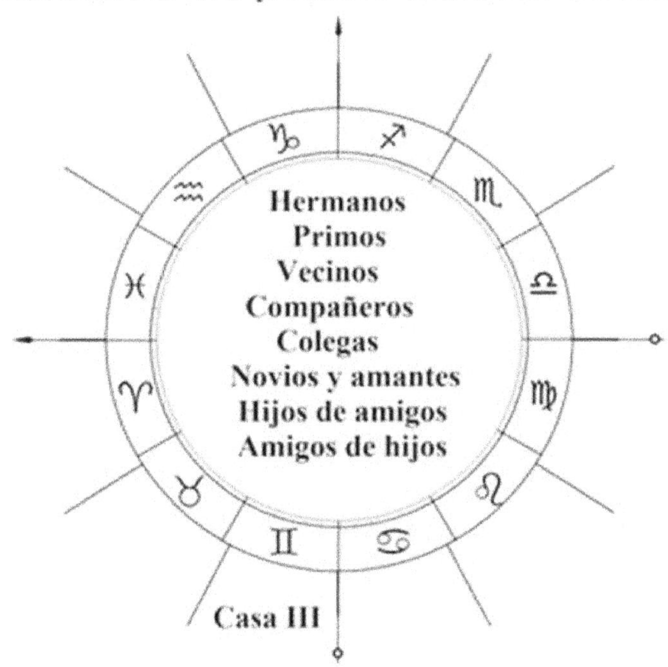

6.01 La Casa III

La Casa III es el sector astrológico más variado, el tablado del teatro personal donde se escenifica un mayor número de cosas y donde salen a escena un mayor número de personas. Conviene recordar que en esta Casa III, se refleja todo aquello que sucede dentro de tu dormitorio, de tu estudio o de tu despacho; en este lugar hay gente entrando y saliendo, o directamente está en movimiento.

En esta "playa" de tu isla astrológica se bañan tus hermanos y tus primos, toman el sol tus vecinos y todos tus compañeros de trabajo, los amigos informales y además, si tienes amante, es decir, persona con la que te metes en la cama los fines de semana y algún día más, entonces también puedes ver su reflejo en esta Casa III. Pero si te metes en la cama todos los días con esa persona, entonces deja de bañarse en esta playa y se va directamente a la playa de la Casa VII, donde salen a escena las relaciones con compromiso.

En las partes del hogar, la Casa III refleja todo lo que le ocurre a tu dormitorio y tu lecho, además si tienes estudio, lo que ocurre en ese lugar, y también se puede ver el estado de vehículo que manejas habitualmente, lo que te sucede cuando están en movimiento, y todo lo que sucede durante los fines de semana.

6.02 El tránsito de Marte por la III, o te mueves o te mueven

Cuando el tránsito del planeta Marte llega a la Casa III, se nota como un viento cálido que te arrastra un fin de semana de viaje. A partir de la entrada de Marte en la Casa III, se acabaron los fines de semana de descanso, y de tranquilidad. Lo normal es que venga alguno de los personajes propios de esta Casa y que te incite, o te induzca a hacer un viaje de fin de semana o un desplazamiento de trabajo, o por asuntos de cursos o estudios. A partir de ese fin de semana se acabó el relax, toca moverse más de lo habitual, para arriba y para abajo, todo el tiempo sin parar.

Y cuidado, porque si Marte se mezcla con Urano, es un tiempo en que pueden ocurrir accidentes de circulación. Y si no disgustos con los hermanos, con los primos, con algún vecino, con un compañero o colega, o peor aún, con la pareja sentimental; cualquiera de ellos puede tener un brote de celos, envidias, irritación y cosas por el estilo, propias de la influencia del planeta Marte.

El tránsito de Marte por la Casa III puede notarse de muchas formas, salvo sentirse tranquilo y relajado.

Si conduces y te desplazas seguramente a encontrarte con todos los conductores, y conductoras negligentes, o torpes, al conducir, algo que sin duda te provoca irritación y te saca la agresividad que llevas dentro, te lleva a insultar a alguien a viva voz.

Durante el tránsito de Marte por esta Casa, suele cambiarnos un poco el talante dialogador, y sin darnos cuenta hablamos de manera un poco más dura, más compulsiva, estamos más a la defensiva, como cuando conduces en una ciudad con mucho tráfico, y tienes que estar más alerta de lo normal.

6.03 Tránsito de Venus por la Casa III. Fiestas de fin de semana

Todos los años, durante al menos un mes el planeta Venus transita por la Casa III, aunque en ocasiones, el tránsito de Venus forma un “epiciclo”, un bucle en el cielo a causa de su retrogradación periódica.

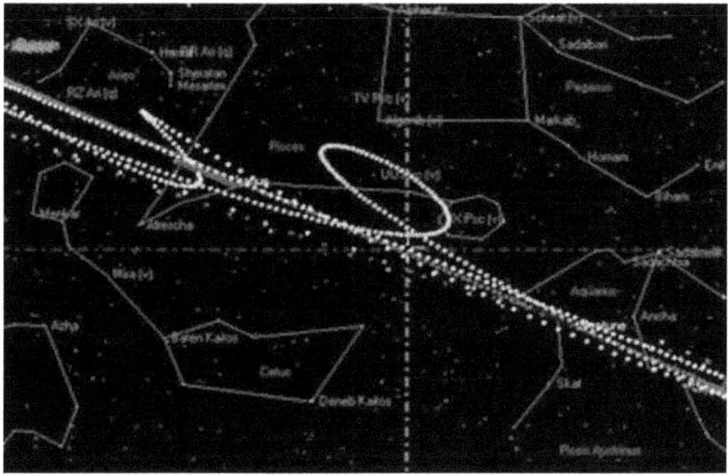

El bucle de Venus se forma cada vez que el planeta forma un epiciclo de retrogradación, y cuando eso ocurre en la Casa III, la influencia de Venus es mucho mayor y puede durar varios meses.

En general, lo primero que se nota son los fines de semana, los cuales se vuelven mucho más agradables que en otros meses del año, el trato con los vecinos, los hermanos, los compañeros de trabajo se vuelven mucho más amables y calmados. Tranquilidad en el ambiente, relación de cariño y alegría con las personas con las cuales nos relacionamos de manera más directa, o bien es cuando se reciben noticias de la persona que nos hace gracia y que nos despierta cariño, amor o ternura. Y si tienes hijas es el mejor tiempo para hablar con ellas.

En ese mes en que Venus transita por la Casa III, suele presentarse algún pequeño viaje de placer o bien en compañía de la persona que más nos gusta en el sentido que sea, desde el amante hasta un artista, el cual nos gusta ver o escuchar. En general durante este tiempo es más fácil mostrar la cara amable; las condiciones del entorno te permiten ser gracioso, expresarte de manera romántica o mostrar tu habilidad artística, la cual seguro tienes y si no tu gracia, que alguna tendrás, pues en esos días aumenta la habilidad verbal para expresarse de manera romántica, artística o graciosa. Y si tienes una hija, son fines de semana qué con bastante probabilidad, estará junto a ti. Así influye Venus cuando pasa por la Casa III, nada que ver con la influencia de Marte que se notaba de otra manera.

6.04 Tránsito de Mercurio por la Casa III. Movimiento y comunicación los fines de semana

Los tránsitos de Mercurio por la Casa III se suelen notar de muy diferentes maneras, pero todas ellas conducen a moverse y a comunicarse más de lo normal. En muchas ocasiones nos vemos obligados a realizar un viaje de cercanía o a un lugar ya conocido en compañía de un hermano, un colega o un niño. En otras ocasiones la influencia de Mercurio se nota por la necesidad de escribir, es por ello normal que en ese tiempo nos apuntemos a realizar algún curso o cursillo, o que iniciemos un escrito, una carta o algo similar. En general, este tránsito se deja notar en forma de situaciones de mucha actividad intelectual, o mucho movimiento durante los fines de semana.

6.05 El paso de Júpiter por la Casa III. Un caballo nuevo y el príncipe azul

Una vez cada 12 años llega el tránsito del planeta Júpiter a la Casa III, eso es algo que nos ocurre a todos cada doce años, pero a cada uno en su momento. El ciclo de 12 años de Júpiter se deja notar en el ámbito de nuestra vida social, y en este caso de Júpiter por la III, la cual hacemos los fines de semana, y las personas con las que nos relacionamos.

La influencia del planeta Júpiter se puede considerar "buena" porque coincide con etapas de mejoras, prosperidad, desarrollo y libertad. En este caso, al tratar la Casa III, la libertad se puede notar en mayor facilidad para moverse. Antiguamente la llegada del planeta Júpiter a la Casa III reflejaba la compra de un caballo nuevo, y hoy día mayoritariamente insinúa la compra de un vehículo de transporte nuevo. En mi experiencia personal siempre que ha llegado Júpiter a la Casa III, ha aparecido un amigo ofreciéndome un coche de alta gama en buenas condiciones. En mi caso Júpiter está en la Casa XI y por eso arrastra su significado de amigo, en otros casos el asunto es diferente.

El caballo que llega en esos tiempos a veces va montado por un caballero, el famoso príncipe azul de todas las señoras, un caballero que pretende meterse en la cama de la dama. Una vez vino a mi consulta una señora castellana, muy seria y educada, de unos cincuenta años, casada con dos hijos mayores. Al revisar sus tránsitos observé que le llegaba pronto Júpiter a la Casa III, y le dije de broma que quizás le llegaba pronto su príncipe azul. La señora reaccionó con el normal enfado de una mujer honesta, incluso se fue de mi consulta molesta por lo que le dije. Sin embargo, un año después volvió para confesarme que estuve acertado, que tenía razón, que ese año le llegó su príncipe azul en formato saharaui, en forma de hombre azul del desierto.

Júpiter suele estar como promedio un año en cada Casa, dependiendo del tamaño de la Casa, así que ese año los hermanos mejoran en algún sentido o viajan, lo mismo pasa con los compañeros de trabajo. Si te fijas bien, verás que engordan, igual que el vecino de al lado, que en un solo año se pone como una bola de grasa, y si tienes hermana o prima en edad fértil se puede quedar embarazada.

En el ámbito del hogar, en el plano físico, al entrar Júpiter en la Casa III algo nuevo entra en el dormitorio; madera o azul, calor o confort, sofá o colchón nuevo o más espacio, y si tienes un apartamento de fin de semana, esa influencia se traslada a ese lugar donde se mejoran las condiciones y el confort y además se hace más vida social.

La última influencia de Júpiter siempre tiene que ver con viajar, una veces para asistir a cursillos, para aprender cosas nuevas, por asuntos laborales u otros temas, por los motivos más peregrinos que te puedas imaginar, pero casi siempre coincide con viajes a lugares alejados, pero ya conocidos o de pocos días de duración.

6.06 Saturno en tránsito por la Casa III. A paso lento

Cuando entra el planeta Saturno en la Casa III la mente se vuelve más espesa, menos ligera, más lenta, y el tráfico rodado también. Es entonces cuando te das cuenta que tu vehículo de transporte, tu carro o tu coche, está viejo, que tu cama está vieja, que tus hermanos se han hecho mayores, que tus nuevos vecinos están igualmente mayores y que alguno de tus compañeros de trabajo, se están poniendo duros contigo y si tenías amante o noviazgo, ya está un poco envejecido. Todo junto en poco tiempo.

Los desplazamientos de todo tipo, especialmente los de fin de semana, se vuelven más pesados que nunca, el tráfico se atasca, se te quitan las ganas de conducir y de moverte, y es entonces cuando decides organizarte un espacio en casa donde poder estudiar, leer o realizar tareas intelectuales. En ese tiempo empieza uno a quedare más tiempo quieto en casa y es cuando te pones a estudiar cosas serias y concretas, y si no, a deprimirse un poco que no es tan malo, un baño de realismo le viene bien a cualquiera.

El tránsito de Saturno por la Casa III en sí mismo no tiene nada de malo, el problema surge si hay planetas en la Casa III, que formen malos aspectos con algún otro planeta en Casa V (cuadratura), Casa IX (oposición) o Casa XII (cuadratura).

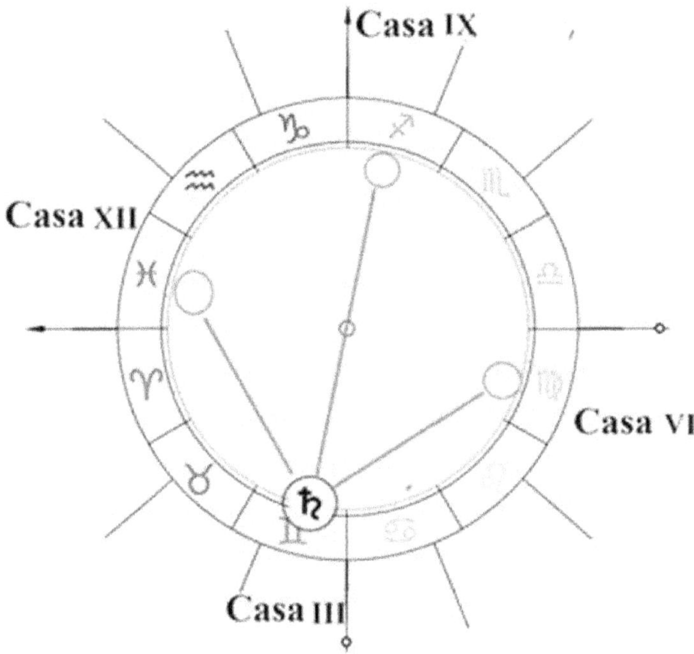

Si fuera así, hay que preparase ante la eventualidad de que se produzcan situaciones desagradables, y disgustos importantes con alguno de los compañeros de trabajo, o bien con quién se supone que es tu jefe, o él/ella se cree serlo; conflictos con personas que te dañan sin que tú puedas hacer nada, salvo pensar que son unos cabrones. Fíjate bien en que Casa tienes a Saturno al nacer, porque uno de los personajes allí señalados, será el que te haga daño, el que te dé el disgusto, un personaje tóxico, uno, de tus enemigos, oculto.

6.07 Urano en la III la revolución en la comunicación

Cuando llega Urano a la Casa III se te revolucionan la ideas, si no tenías teléfono te compras uno, si no tenías teléfono móvil te compras uno, si no tenías teléfono móvil con internet te compras uno, si no estabas conectado a internet te conectas, y de ese modo se produce una evolución en la manera de comunicarse.

A mí personalmente, nada más al entrar Urano en la Casa III, se me ha venido a la cabeza la idea de publicar mis textos en formato electrónico, para de esa manera poderme comunicar con mayor número de personas. Para mi ha sido la revolución en contra del libro de papel, que tiene tantas limitaciones y dependencias. He pensado que en el futuro apenas habrá libros de papel. Tengo la impresión de que estamos viviendo la época de finales del Siglo XV, cuando apareció el invento de Gutenberg; con la imprenta los libros ya no dependían de los copistas de un convento, la cultura se liberalizó. Los manuscritos quedaron obsoletos en pocos años, y la cultura salió de los monasterios y los conventos para estar al alcance de todos. Ahora el fenómeno es similar, ya no hace falta tener el libro en papel para transmitir la información. Incluso, es mejor el formato electrónico porque de nuevo se pueden volver a colocar todo tipo de imágenes, acompañando al texto como ocurría en los antiguos manuscritos. En el futuro se leerá mucho en compañía, en formato electrónico, y en menos de 100 años el libro de papel será una reliquia o un lujo, como lo son ahora los manuscritos antiguos.

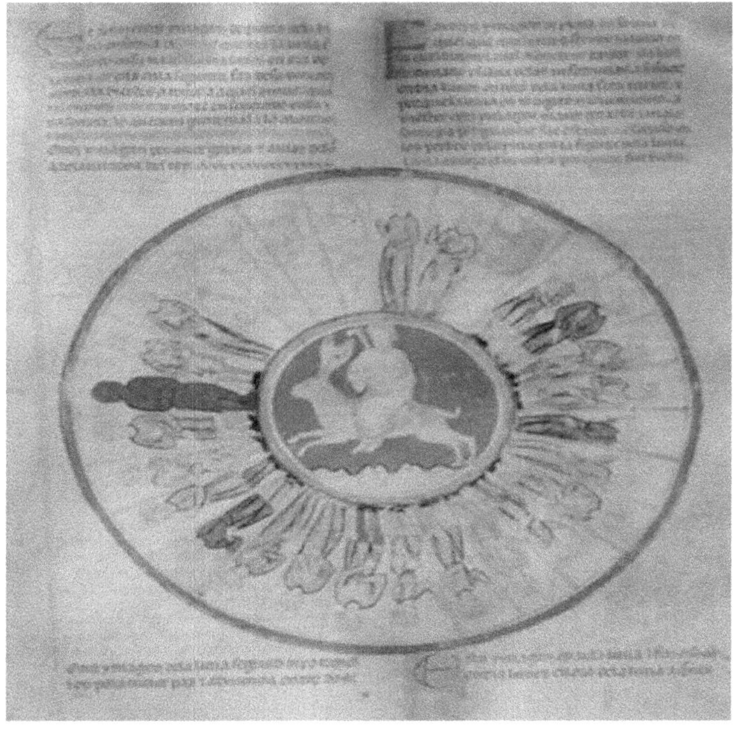

La entrada de Urano, en la Casa III, deja notar su influencia en todos los asuntos y personas relacionados con este sector, y siempre surge una nueva manera de comunicarse y una nueva forma de pensar, nueva, original, que te sorprende a ti mismo.

6.08 Neptuno por la III Embarques de fin de semana

Cuando entra Neptuno en la Casa III también se nota, pero tanto a causa de la multiplicidad de Neptuno como de la Casa III, su escenificación es muy variopinta. Desde viajar en barco los fines de semana, hasta apuntarse a una residencia de la tercera edad. Conozco entre mis amistades a quienes les ha pasado por la cabeza formar parte de un colectivo para jubilarse y tener compañía, algunos se han apuntado a un centro de mayores o a una Residencia de ancianos, para cuando sean más mayores.

Pero esto no siempre es así en los casos de mis amigos, José Mari Ortiz y Pepe Miranda, a cada uno por su lado les dio el mismo "brote" mental y se disciplinaron para realizar ejercicios de meditación y trabajos sociales, es como si se hubieran vuelto frailes, Miranda de operador en el "Teléfono de la Esperanza" y José Mari realizando tareas humanitarias. Ahora bien, el caso más exagerado de todos ha sido el de Manolo Sales, un Capricornio de Almería muy saleroso, y listo que cuando le entró Neptuno en la Casa III, nadie sabe cómo pero el tío se hizo Sij, con turbante, barba y todo, uno de Almería se vuele Sij, no me digas que no es exagerado.

En el caso de mi amigo Dani, que tenía el cargo de Cónsul de Italia, cuando le entró Neptuno en la III, dejó el consulado y se puso a trabajar de profesor de psicología en una universidad. En este caso la influencia de Neptuno en la Casa III, que también es el escenario de los profesores, se ha escenificado de ese modo donde influye en lo colectivo.

En otros casos la influencia de Neptuno ha fluido en otras direcciones, en el caso de mi amiga y traductora Ksana, una mujer cuyo trabajo es de la Casa III, pues se dedica a traducir textos, Neptuno se ha dejado notar en forma de apartamento en la playa. Los apartamentos de vacaciones o de fin de semana se reflejan en la Casa III, y la influencia de Neptuno la sitúa en una vivienda de un edificio colectivo frente al mar, muy neptuniano todo.

Ya te habrás dado cuenta de que las posibilidades son muchas, que la influencia de los tránsitos de Neptuno se puede escenificar de muchos modos, pero siempre deja huella en forma de algo colectivo o neptuniano como hacerse fraile, practicar Yoga o navegar.

En lo personal la influencia de Neptuno genera tendencias nómadas, necesidad de cambiar de ambiente, de vecindario, de compañeros de fin de semana, y a veces es cuando se cambia de país o lugares donde hay que aprender un lenguaje nuevo. Y en algunos casos surgen oscuros o extraños amores.

6.09 Plutón en la III. Cambio de mentalidad

El tránsito de Plutón por la Casa III dura muchos años, y para que te hagas una idea, entró en el signo de Capricornio en noviembre de 2008, y llegará a Acuario en enero de 2024. En esta ocasión tarda más de 15 años en pasar por un signo, otras veces va más rápido y otras más lento, su velocidad es variable, pero siempre es el planeta que viaja a una velocidad más lenta que los demás.

La influencia del tránsito de Plutón es muy sutil y se puede notar de muchas maneras; puede influir a través de lo que le ocurre a los hermanos, y durante ese tiempo es normal tener que tratar con ellos temas de herencias o similar, y si hay malos aspectos entonces suele reflejar conflictos con los mismos, problemas de ellos mismos o bien la diáspora; cada uno de ellos se va por su lado y casi desaparecen de la vida de quien tiene este tránsito. En otros casos Plutón fluye a través de los vecinos con quienes siempre se padece algún conflicto que puede provocar la ruptura de relaciones con ellos de tal manera que desparecen los vecinos de su vida, es como si no existieran.

En otros casos la influencia de Plutón se filtra a través de la persona con la que se mantiene relaciones sentimentales; con quién se mete uno en la cama, sino cada noche, cada fin de semana, con el amante o la misma pareja; esa persona queda tocada por Plutón durante un tiempo y eso significa al menos un susto de muerte, que no la muerte misma, o bien la pérdida, o la desaparición de este tipo de compañía basada en el sexo y la aparición de otra persona. A veces simplemente es la trasformación de una relación informal a una relación fija o más simple aún, desaparece la vida sexual de los fines de semana. En algunos casos es cuando a causa de las restricciones sexuales la mente se deja llevar por la literatura erótica. Tengo un amigo profesor, más serio que un nabo, con aspecto de fraile, educadísimo que le dio por escribir textos de erotismo cuando le paso Plutón por la Casa III. Fíjate por la cantidad de sitios que puede salir la influencia de Plutón.

En lo personal se puede notar insatisfacción sobre lo que se sabe, lo que suele conducir a la búsqueda de información especial relacionada con temas marginales, esotéricos, misteriosos para los demás, reservados, enigmáticos o simplemente pornográficos. En algunos casos indica una época en los que se trata de entablar comunicación con los fallecidos o con seres de otra dimensión. En la mayoría de los casos simplemente es la obligación de aprender otro idioma. Si Plutón forma malos aspectos con planetas personales, puede reflejar periodos en los que se siente el rechazo, o la xenofobia de otros.

Parte 7

7.0 Los tránsitos de los planetas Casa IV

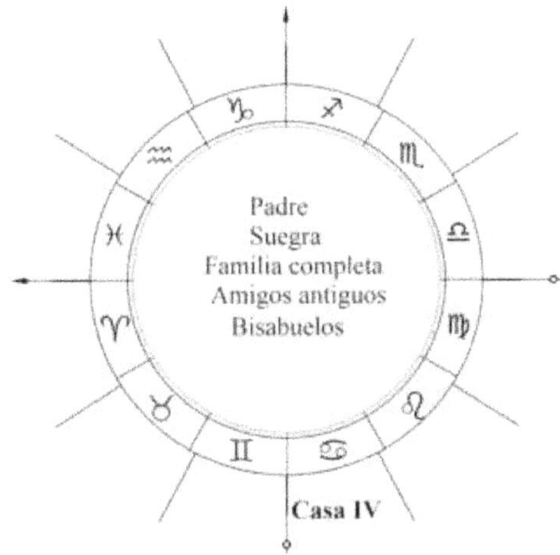

Habrás observado que la vida, desde la perspectiva astrológica, se puede analizar como una obra de teatro imaginario, usando el sistema de las Casas que son los escenarios que le dan orden y concierto a toda esta galimatías de la Astrología.

Pon a prueba una vez más tu imaginación y piensa que la Casa IV es la playa más antigua de tu isla, imagínate que eres una tortuga y que naciste en esa playa, una playa a la que vuelves a desovar. Ahí está toda tu familia el día de Navidad, o de la fiesta más importante de la religión de tus mayores, todos sentados en la mesa una vez al año, la celebración anual ineludible, eso ocurre en el escenario de la Casa IV.

7.01 El tránsito de Marte por Casa IV. Ajetreo en el hogar

El tránsito de Marte por la Casa IV se puede escenificar de muchas maneras, unas veces los hace a través de alguna persona de la familia, o bien de otra persona adecuada para dejar fluir el tránsito de Marte. Aún recuerdo a mi abuela –las abuelas son de Marte- metiendo bronca cada día de Navidad, claro que mi abuela era Aries y era de armas tomar.

Ruido, más ruido de lo normal, eso es lo que se nota nada más, al entrar Marte en la Casa IV. Imagínate que Marte es una música de tambor y mientras transita por esta Casa, todo el tiempo se escucha el tambor en toda la casa o en tu negocio si lo tienes. Si fuera la playa, mucho calor. Pero si se trata de una persona que tiene negocio propio, su tienda o lo que sea, cuando llega Marte, llega el lio, el tiempo de poner en marcha el negocio, de esforzarse, de cambiar o mover cosas o cajas, de aquí para allá. Y si no tienes negocio propio, entonces el flujo de Marte va directamente a tu hogar. De Marte, martillo, pero como los martillos no tienen patas es necesario la colaboración de un señor que lo agarra por el mango y golpea donde sea con tal de hacer ruido. Obras en la casa, en la calle donde se vive o en el negocio, a cada uno según su vida, pero la influencia de Marte en la Casa IV, siempre se deja notar.

En lo personal hay que estar muy atento a este "malaje" que visita tu hogar cada dos años, y a veces hace un bucle y entonces tarda más tiempo en pasar.

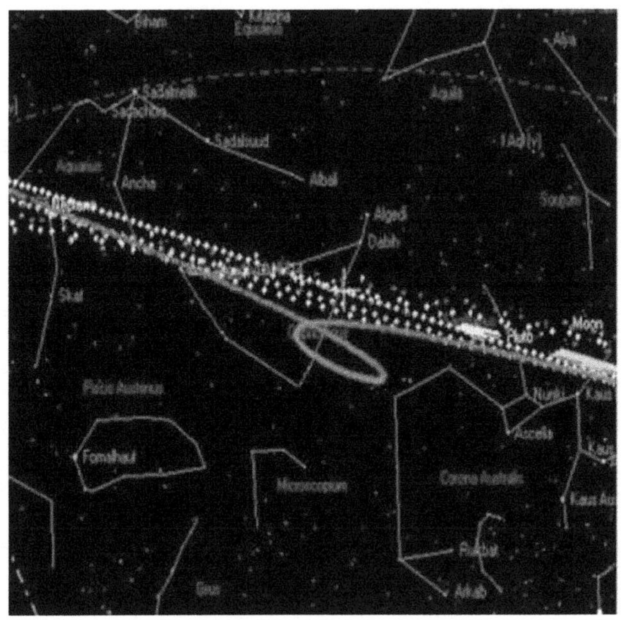

Si te dejas poseer por Marte, parte de la agresividad acumulada en el trabajo, o en la vida exterior en forma de agresividad contenida, puede fluir cuando llegas a tu hogar, por ello en ese tiempo hay que estar muy atento para evitar discusiones en el seno de la familia. Aunque también puede suceder al contrario, algún personaje de la familia puede estar "poseído" temporalmente por el "malaje" y es entonces cuando entras a tu casa y se nota un ambiente hostil o agresivo, es cuando puedes llegar a sentirte martirizado en tu propia casa. En el peor de los casos, el "malaje" influenciado a través de alguna negligencia, te puede provocar pequeños incendios en la cocina o dentro del negocio.

7.02 Venus transitando por la Casa IV. Belleza y alegrías en el hogar

Ya sé que hay personas, las cuales para que sonrían hay que estirarles las caras desde las orejas, pero aún así, cuando llega el tránsito de Venus a la Casa IV, el escenario del "hogar dulce hogar", siempre hay motivos para alegrarse dentro del propio hogar, en el ambiente familiar, o si se tiene negocio personal, alegrías en este negocio.

Piensa que Venus siempre sale a escena con una música de fondo suave, alegre o romántica, de tal manera que cuando está Venus pasando por tu Casa IV, al llegar al hogar se siente alegría, paz, descanso y a veces cariño, esto último no siempre.

La influencia de Venus en este sector astrológico se deja notar como la necesidad de realizar algún tipo de arreglo en la casa o mejoras de embellecimiento, unas veces te puede dar por pintar la cocina, otras por pintar o decorar la casa entera. Lo normal es que tengas que organizar un encuentro festivo, o una celebración familiar en tu casa y te veas inmerso en la tarea de poner bonito tu hogar, ya sea decorando o bien comprando algún mueble nuevo. Esto se nota mucho más cuando Venus hace un bucle en el cielo con su retrogradación.

Si tienes la desgracia de ser autónomo y dispones de negocio propio, el tiempo en que pasa Venus por la Casa IV, siempre te puede dar motivos para alegrarte, unas veces porque aumentan las ventas o los pedidos, o porque se incrementan los ingresos.

En general la influencia del paso de Venus por esta Casa se nota como unas mejoras en las relaciones familiares, con escenas de reconciliación y regalos entre familiares. Y en el plano sentimental este es un tiempo donde el amor visita el hogar, el amor se encuentra dentro de casa, o viene de visita a tu casa durante algunos de esos días.

Lo único que tiene de malo el tránsito de Venus por la Casa IV, es que te quedes en tu casa sin ganas de salir.

7.03 Mercurio transitando por la Casa IV. Cambios en el negocio o visitas en el hogar

El paso de Mercurio por la Casa IV, puede ser imperceptible para aquellas personas que no tienen hijos, ni hermanos ni vecinos con quien tratar, para el resto de los mortales suele señalar visita de los hijos, de los hermanos o de gente joven en casa. Si se tienen hijos fuera del hogar, son momentos de visita o fines de semana en los que los hijos vuelven al hogar. En algunos casos la visita es de una persona, de servicio, para los más diversos asuntos familiares o del hogar.

A lo largo de mes que suele durar este tránsito, es normal que ocurran pequeños cambios en el hogar, o adquisición de muebles, enseres o utensilios de cocina. De un modo u otro siempre aparecen variaciones o cambios en el hogar.

Para aquellos que tienen su propio negocio, significa un tiempo de mucho movimiento, de más negocio o la entrada de nuevos productos para vender.

7.04 Júpiter transitando por la Casa IV. Crecimiento y prosperidad

Conviene que recuerdes que por donde pasa el tránsito del planeta Júpiter, todo se aumenta, se ensancha, se expanden o se agrandan las cosas. Si imaginamos la Casa IV como el escenario donde se refleja todo aquello que le ocurre a nuestra familia, podemos pensar que aumenta la familia.

El año que pasa Júpiter por la Casa IV, el día de la comida familiar de Navidad o de la fiesta de cada cultura, las fechas en las que se reúne a toda la familia una vez al año, en esa mesa suele haber más personas, bien porque un hermano ha tenido un hijo, o porque un hijo ha traído a su pareja, o por cualquier otra causa. Ese año en la mesa del día de reunión familiar hay más personas sentadas, el núcleo de la familia ha aumentado. En alguna ocasión se puede sentir a un “ángel” sentado en la mesa, encarnado en una persona extranjera o en un niño recién nacido, nunca se sabe dónde está el ángel, pero está, hay que fijarse bien para verlo.

Para aquellas personas que tienen la suerte de tener un padre, en el año en que Júpiter pasa por la Casa IV vemos que el cabeza de familia engorda bastante, se nota de un año a otro que el padre ha engordado unos ocho kilos y si no hay padre, engorda la suegra.

La influencia astrológica se puede filtrar de distintas maneras o a través de diferentes lugares, aparte de las personas que aparecen en el escenario familiar, y la influencia del paso de Júpiter, como la baba seca y brillante deja un caracol al pasar, se puede notar en forma de objetos de cerámica, de cristal, de madera o de color azul, así deja su huella Júpiter al pasar por cualquier lugar.

La Casa IV tiene como eje central el escenario de la cocina donde sólo entran los que son de la familia. Ese año en la cocina se suele notar el paso de Júpiter por alguna mejora en la cocina, bien sea en el mobiliario o en la vajilla nueva. En general son mejoras en el hogar que pueden notarse en la cocina o en el resto de la vivienda, con mayor confort o más comodidad en el hogar o en forma de una nueva calefacción, buenos sillones, siempre se podrá notar una comodidad nueva o un alivio.

Por otro lado, y a causa de que en la Casa VI se pueden reflejar asuntos relacionados con la Casa X, que es la opuesta, el paso de Júpiter puede coincidir con una época en la que se realizan nuevos intentos profesionales o se abren nuevas perspectivas sociales. Por eso, en el plazo social o profesional a lo largo de este año es cuando se suelen conseguir los mejores contratos laborales, o los pactos más rentables.

Aquellos que tienen negocio personal, los sufridos autónomos que tienen que pedir crédito a los bancos poniendo como garantía su vivienda o usando el aval del padre o de algún familiar, para ellos y su negocio es un buen año, es el final de la crisis y el comienzo de un ciclo de desarrollo y prosperidad en negocio o los quehaceres personales. También es una temporada en la que se reciben más visitas en el hogar, o más clientes en el negocio personal.

En algunos casos, la influencia viajera del planeta Júpiter induce a buscar una casa donde vivir en el extranjero.

7.05 Saturno transitando por la Casa IV. Tiempo de frío y oscuridad

Durante el tiempo en que Saturno transita por la Casa IV es muy probable que en el hogar aparezca una persona mayor, unas veces es el padre, la madre, la suegra, o cualquier otra persona de edad que por las más diversas razones deben pasar una temporada en casa. Cuando no ocurre esto, la influencia de Saturno puede fluir en la vivienda, que en ese tiempo, se vuelve más sombría o más fría, es el tiempo en el que construyen otras viviendas enfrente, que quita luz o sol a la casa o se tienen que superar obstáculos físicos para acceder a la vivienda, a veces simplemente es cuando durante un tiempo se estropea el ascensor y se tienen que subir muchas escaleras. En otros casos, cuando Saturno está bien, señala obras en la casa, mejoras, o el logro de una nueva vivienda, que suponen un inconveniente durante un tiempo.

A lo largo de esos dos años el núcleo familiar disminuye, bien porque fallece una persona mayor, o bien porque algún miembro de la familia se aleja del hogar por las más diversas circunstancias.

Para los que tienen negocio propio, es la etapa de poner nuevos cimientos, de asegurarse y afianzarse profesionalmente. No suele ser una época de crecimiento, es cuando debe mantenerse lo que se posee, asegurar lo que se tiene.

7.06 Urano transitando Casa IV. Modernizando el hogar

El tránsito de Urano por la Casa IV se nota como la mano que agarra un reloj de arena y le da vuelta para que comience a contar de nuevo. Por eso lo normal es que en los siete años que suele durar este tránsito, ocurran los más variados cambios en el seno de la familia. En algunos casos coincide con la pérdida de un pariente, en otros es señal de dificultades, anomalías o cambios imprevisibles en el negocio personal, mientras que para otras personas significa cambios de residencia. Son tiempos en los que se vive de manera distinta a la que se podría esperar. A veces señala uniones libres u originales, relaciones poco convencionales o en unión con personas muy diferentes.

En general se pueden esperar retrasos durante un tiempo, y finales inesperados que pueden resultar desconcertantes para los demás.

En ese tiempo de manera inusitada puede haber compras o ventas de bienes inmuebles, y renovaciones importantes en el hogar o en el negocio personal. Es el tiempo de modernizar la casa y de tener nuevos y mejores aparatos eléctricos y electrónicos.

7.07 Neptuno transitando por la Casa IV. El retorno al hogar

Neptuno en su tránsito por la Casa anterior, la III, dejaba notar su influencia a través de innumerables y variados cambios, mientras que cuando entra Neptuno en la Casa IV, cambia su influencia y después de señalar unos años de inestabilidad viene a indicar otra etapa de estabilización. Durante el tiempo del tránsito de Neptuno por la Casa IV se experimenta un repliegue hacia el hogar, son los años en los que se transforma la vida hogareña, y se inicia una tendencia a agrupar a otras personas dentro del propio hogar. Se procura organizar grupos, reuniones o actividades dentro de casa. Se tiende a tener un lugar donde se respire soledad o tranquilidad. Cuando Neptuno está bien dispuesto, se incrementan los bienes raíces, puede haber compra o toma de posesión de una casa, un local o de tierras. Pero cuando está mal, indica acontecimientos enmarañados y complicados a causa de bienes inmobiliarios con hermanos o parte de la familia.

7.08 Plutón transitando por la Casa IV. Reformas en el hogar

Cuando está bien dispuesto o con buenos aspectos, suele coincidir con el enriquecimiento familiar, la venta de tierras o mejoras importantes en el negocio personal. En el peor de los casos, señala un periodo de tiempo en el que la vida hogareña se transforma en un infierno de exigencias, en la pérdida de algún familiar, o en la destrucción o la venta de la casa, del negocio personal o la emigración a otro lugar. Normalmente reduce el número de habitantes en el hogar. También puede señalar importantes reformas en la vivienda, o en el negocio. Para los que tienen empresa propia, puede suponer una época de exigencias y de transformaciones profundas. Para otros puede señalar la exigencia de realizar trabajos secretos, negros u ocultos en el interior del hogar.

Parte 8

8.0 Los tránsitos de los planetas por la Casa V. El escenario lúdico de la vida

Personas de tu vida que salen a escena en Casa V

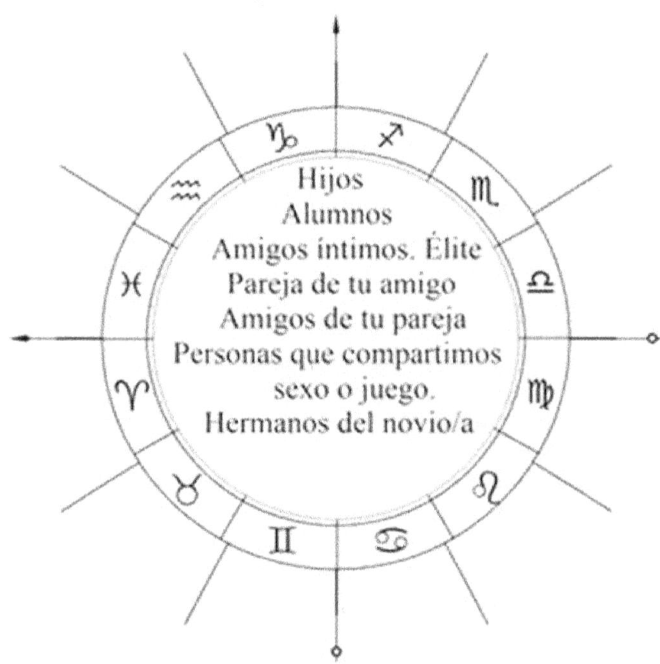

El escenario de la Casa V lo puedes imaginar, pensando en el patio de recreo de tu colegio en tu niñez. El lugar donde vamos a jugar a lo que sea o hacer lo que nos gusta. En mi tiempo de colegio de primaria todos los niños jugábamos a muchas cosas, pero al final todos querían jugar a médicos.

El escenario de la Casa V está en su pleno apogeo, cuando tenías entre 20 y 25 años, entonces se te podía ver en alguna fiesta acompañado de tus amigos íntimos, de la hermana o el hermano de tu novio/a, las parejas de tus amigos, los amigos de tu pareja, en total, siete u ocho, todos ellos compartiendo contigo la parte divertida de la vida. Ese es el escenario y las personas que salen en Casa V.

En la Casa V es donde jugamos, pero también es el lugar donde "nos la jugamos", donde invertimos nuestro ahorros.

La Casa V es la verdadera Casa del Karma, porque todo lo que hacemos en este escenario trae consecuencias para toda la vida o más vidas, si las hubiera, la más visible de todas son los hijos y los amigos íntimos.

8.01 El tránsito de Marte por Casa V. Juegos excitantes

Cuando llega el tránsito de Marte a esta Casa aumentan nuestras ganas de jugar, o de hacer aquello que más nos gusta, siempre aparece algo o alguien que nos excita o nos incita a entrar en juego, el juego que sea, algo que se puede saber en función de los planetas y los signos zodiacales que ocupen la Casa. Marte es un activador, su influencia se puede notar como el empujoncito que dan para que tires del trampolín de la piscina.

Para muchos es el tiempo en el que por fin puede hacer uno, todo el deporte, o las actividades físicas que quiera.

Por otro lado, durante las semanas que suele durar el tránsito de Marte, surge la necesidad de planificar, organizar e intentar llevar a la práctica nuevas labores o nuevos proyectos, es el tiempo de la puesta en marcha de las especulaciones o de nuevas actividades en el negocio.

En ese tiempo se quema mucha energía en las diversiones, asistiendo a fiestas o celebrando con los amigos íntimos reuniones o encuentros divertidos y alegres. En unos casos simplemente se siente el placer de poder realizar buenas actividades físicas o deportivas.

No es periodo favorable para los juegos de azar, ni para las especulaciones o inversiones, pues se puede perder dinero por estas cuestiones.

Para las mujeres libres son unas semanas en las que se les facilitan las relaciones sexuales. En general se tienen más ganas de juerga, sexo y fiesta, por ello también se pueden esperar más gastos de los habituales a causa de estas cuestiones.

Aunque no siempre son días de amores ardientes, las influencias de Marte pueden fluir por diferentes vertientes, es probable que aparezcan situaciones en las que de los impulsos propios del planeta, nos llevan a cometer imprudencias. En ocasiones solo se trata de dispendios o derroches en juegos de azar o similar.

8.02 Venus transitando por la Casa V. Fiestas y diversiones

Cuando Venus llega por tránsito a la Casa V su influencia se multiplica, pues ésta es la Casa del Gozo de Venus, donde su influencia se manifiesta de un modo más activo.

En esos días en los que pasa el planeta Venus se incrementa el número de fiestas, reuniones, diversiones, y para las personas libres, mayores oportunidades de establecer relaciones sentimentales; durante esas semanas se suele notar un aumento en la cantidad y la calidad de relaciones íntimas. Aunque la influencia de Venus en la casa V también puede notarse a través de un mejor entendimiento con los hijos, o bien recibiendo alegrías por parte de una hija, si se tiene y si no a través de los hijos, de los alumnos o de alguna amistad íntima.

Para los creativos, las personas que realizan actividades artísticas o relacionadas con la belleza o la decoración, el tránsito de Venus es una fuente de inspiración, una etapa de intensidad creativa, es el tiempo en el que crean nuevos modelos o tienen nuevas ideas artísticas. Se prueban nuevos sistemas o nuevas modas.

Si eres una persona libre de compromisos y de condicionantes sociales o temporales, en este tiempo se facilitan mucho las escenas de amor romántico o sexual, es cuando resulta más fácil el amor o está al alcance de las manos. Claro que en muchos casos se trata de un amor que se puede adquirir con dinero.

Máximas posibilidades de ganar en el juego y para mantener una vida íntima intensa. En estos días resulta más fácil encontrar lo que siempre se busca, pero para ello hay que estar libre de sujeciones horarias, y alejado de los lugares habituales.

8.03 Mercurio transitando por la Casa V. Juegos con jóvenes

Cada vez que llega el planeta Mercurio a la Casa V, si tienes hijos, ellos toman mayor protagonismo en esos días. Dependerá de cada uno el modo en el que se escenificará ese protagonismo, pero en casi todos los casos tiene un coste, hay que invertir o pagarle algo a algún hijo, y esto es debido que cuando pasa un tránsito de cualquier planeta por esta Casa, lo normal es que forme un aspecto de cuadratura con la Casa II, el escenario de dinero.

Si no tienes hijos, el paso de Mercurio induce al ahorro o a la inversión. Y si eres persona con negocio propio es el tiempo de hacer buenas compras, adquirir nuevo género o nuevas mercancías, que resultarán más o menos exitosas en función del resto de los aspectos que forme Mercurio mientras camina por esta Casa. Si forma trígonos con algún otro planeta significa buenas inversiones, pero si forma malos aspectos, entonces son inversiones infructuosas.

En una visión más cercana y personal, el tránsito de Mercurio se puede notar en modo de visita o encuentro con amigos, mercuriales, que o son más jóvenes o tienen un matiz de intelectuales.

En ese tiempo, que a veces son menos de 15 días y otras veces dura un par de meses, aumenta la creatividad literaria. Si tienes hijos se puede esperar un pequeño desplazamiento con ellos, y no es así si cambian los hijos por amistades íntimas.

En otro sentido, la influencia de este tránsito de Mercurio puede derivar por la posibilidad de juego sexual con gente más joven, de relaciones íntimas susceptibles de generar Karma.

8.04 Júpiter transitando por la Casa V Temporada de placer y confort. Nuevo sofá

La entrada de Júpiter en la Casa V se suele notar como un aumento de las reservas, de los ahorros, de la disponibilidad para invertir o para viajar. Generalmente este es el año de la gozada, en el que por fin podemos disfrutar casi sin limitaciones, a excepción de aquellos que sean muy saturninos, pues ellos no disfrutan casi nunca. Normalmente se pueden esperar situaciones que permiten sentir placer o experimentar gratas emociones, que en algunos casos, no en todos, pueden tomar tintes sexuales.

Madera o azul, esa es una de las formas en las que toma cuerpo la influencia de Júpiter. La Casa V refleja el estado del salón comedor, y la entrada de Júpiter en ese sector bien pudiera traer un sofá nuevo, o un mejor mobiliario en esta estancia del hogar.

Para las mujeres, en la antigüedad, era el año en el que se presentaba el príncipe azul, las dejaba embarazadas y se marchaba a sus batallas. Resultará fácil extrapolar estos asuntos a nuestro tiempo, solo que el príncipe puede ser un viajante o un extranjero y el embarazo puede muy bien no producirse.

Tanto para hombres como para mujeres se considera como el año de mayor desinhibición sensual, también es el año de máxima creatividad en el que no sólo se pueden tener hijos, sino realizar obras, fundar negocios o especular con nuevas empresas o proyectos profesionales.

Para quienes tengan hijos es el año en el que los verán crecer de manera notable, desarrollarse o viajar. Es normal que en ese tiempo un hijo se comunique desde el extranjero o desde un lugar alejado.

8.05 Saturno transitando por la Casa V. Retracción en el juego y el amor

Los tránsitos del planeta Saturno casi siempre suelen traer disgustos o retraimientos, disminución de los ahorros y menos fiestas. Mientras dura el tránsito suele producirse un retraimiento de la vida sexual, voluntario o impuesto por las circunstancias medio ambientales, una especie de enfriamiento. Las relaciones de tipo afectivo se vuelven más restringidas, o son mucho más serias que en años anteriores. En algunos casos se tienen relaciones con personas de más edad, o con personas con las que se mantuvo una relación tiempo atrás.

Por otro lado, es una época en la que se ponen en práctica ideas antiguas, las cuales se habían quedado aparcadas hace más de diez años. Para los que tienen negocio propio es el tiempo en que brotan especulaciones, las cuales intentarán plasmar en sus negocios, y que casi siempre conllevan arduas tareas, trabajos pesados y resultados, los cuales no se aprecian hasta que transcurren algunos años. Para los padres es el tiempo en el que alguno de los hijos toma sus propias decisiones, y asumen sus responsabilidades personales; en algunos casos, los hijos se vuelven padres y se llega a ser abuelo.

8.06 Urano transitando por la Casa V la evolución sexual

El escenario de la Casa V está decorado con el salón comedor, la pieza central de la vivienda, donde celebras la cena de Navidad o reúnes a toda la familia. Al llegar el tránsito de Urano a la casa V, se le pega una vuelta a la decoración del salón comedor, se cambian las luces y se moderniza el espacio.

He visto casos de todo tipo, uno de ellos era una persona, la cual al marcharse sus hijos de casa se compró una ruleta con un tapete verde con los números y se instaló un pequeño casino para jugar con sus amigos. El juego le duró un par de años, pero el salón comedor quedó alterado de por vida y sus hijos no volvieron a vivir en esa casa.

Con el tránsito de Urano por la Casa V es normal que se altere, se cambie o se modifique la conducta sexual. El caso más extraordinario que he conocido es el de un hombre homosexual de toda la vida, de esos que ni ocultan, ni se sienten mal por ser homosexuales, ni alardean de serlo, el cual el tránsito de Urano por encima del Sol en la Casa V, cambió de orientación sexual y durante un par de años mantuvo relaciones sexuales con una mujer. Después, pasado el tránsito, volvió a lo que era natural en él.

Con el tránsito de Urano por la Casa V, que suele durar unos años, puede producirse una "evolución" o una transformación en la manera de manifestar la sexualidad. Algunos señalan un periodo de independencia afectiva, para otros, una nueva manera de canalizar las energías creativas, pero siempre se puede esperar una innovación, un cambio que obliga a expresar algo nuevo y original. Suele formarse un pequeño grupo con las amistades íntimas de características poco convencionales, surge la intención de crear, fundar o establecer un nuevo tipo de relaciones que aporten creatividad o satisfacción sexual. Para los que tengan hijos pueden vivir una etapa de irregularidades, transformaciones, o cambios que conducen a la independencia de éstos.

8.07 Neptuno transitando por la Casa V Jugando en grupo

Para comprender mejor el modo en que influye Neptuno, podemos pensar en la forma y en la influencia del vino y el fruto de donde se obtiene. Para hacer vino hacen falta viñas con uvas y las uvas siempre van en racimo, nunca vemos un grano de uva y luego otro, como cualquier fruta, si no que la uva que hace el vino siempre la veremos en racimos, muchos granos juntos, en grupos igual que los que beben vino, nunca los veremos solos, siempre beben con los demás –salvo la natural excepción del borracho solitario que es igual que el navegante solitario. Neptuno escenifica su influencia en grupos y en la Casa V; induce a crear o formar parte de grupos por realizar las actividades propias de la Casa V.

Por eso es normal que durante el tránsito de Neptuno por la casa V, que suele durar más de diez años se tiende a formar un grupo de amigos íntimos con quienes poder realizar actividades especiales, secretas, místicas, esotéricas o de dudosa moralidad, dependiendo de las determinaciones de Neptuno en el tema radical.

Pero en todos los casos, durante el tránsito de Neptuno por la Casa V se funda, o se crea una camarilla, una pequeña pandilla, o un grupo con el cual poder disfrutar de los idealismos más diversos, o de las aficiones más variopintas.

Por otro lado, pueden surgir complicaciones causados por ciertas amistades íntimas, o directamente por los hijos si los hubiera. Cuando Neptuno está bien situado, se pueden esperar importantes beneficios por especulaciones u operaciones acertadas.

En muchos casos es un periodo de fuerte ahorro económico, el que permite llegar a acumular pequeñas fortunas.

En el plano más bajo del influjo astrológico, al paso de Neptuno por esta Casa V, deja notar su rastro en el salón comedor donde suelen instalarse nuevas cortinas, algunos objetos nuevos, como una pequeña barra con bar, y un aparato o un instrumento musical que antes no estaba, algo que sirva para hacer o escuchar música cuando vienen los amigos a divertirse, o a jugar contigo,

8.08 Plutón transitando por la Casa V. Obsesiones y excitaciones

Con Plutón llega la obsesión al salón, o alguna persona que anda obsesionada por allí, o lo que es peor, alguna de las personas que salen a escena en la Casa V, son la causa de la obsesión, que a veces discurre en forma de miedos y otras en forma de excitación sexual, Plutón siempre encuentra una forma de crear una obsesión, es lo suyo. He conocido a personas obsesionadas con el miedo de que le rapten al hijo, una obsesión que es bastante dolorosa. He conocido otra persona, obsesionada con la mujer de su amigo, sin poder hacer nada, y sin poder quitársela de la cabeza durante el tiempo que le afectó el tránsito.

Este tránsito de Plutón es muy largo, y siempre hay una época en las que surgen fuertes deseos de crear o de especular, es la época en la se toman decisiones importantes, como fundar o crear un negocio diferente y vocacional, encontrar el amor deseado o tener un hijo tardío. Por otro lado, se pierde el contacto con ciertas amistades íntimas.

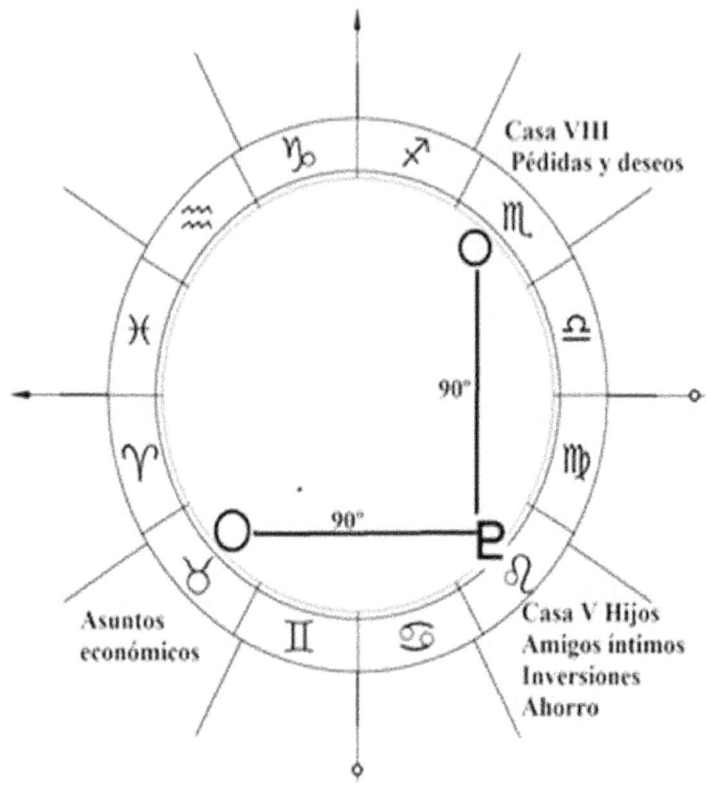

Y si Plutón forma malos aspectos de cuadratura con planetas de la casa VIII, en muchos casos aparecen serias dificultades, o padecimientos a causa de los hijos. Cuando no es así, y hay malos aspectos con planetas de la Casa II, estos pesares son causados por la pérdida del negocio, el fracaso de las especulaciones, o el abandono de un ser querido e íntimo.

Parte 9

9.0 Los tránsitos de los planetas por la Casa VI

9.01 La Casa VI

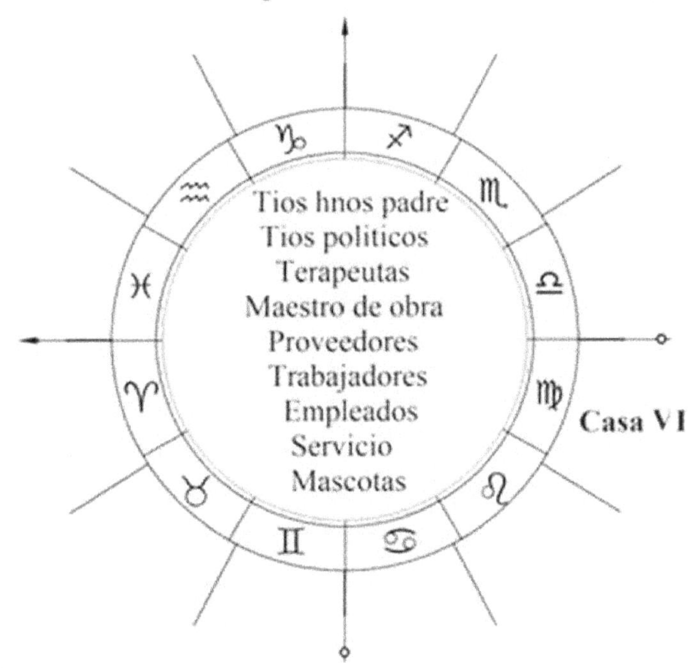

El escenario de la Casa VI, en la actualidad ha quedado reducido a asuntos de trabajo o de salud, pero en la antigüedad era mucho más amplio, es como si hubiéramos caminado hacia atrás en el conocimiento astrológico, en vez de avanzar, como ha ocurrido con las demás ciencias.

En la Casa VI, en la Edad Media, se observaban las enfermedades y lo que las originaban. Las lesiones de los miembros. También eran observados los cautivos, siervos y siervas, los cuales hoy día se traducen por los empleados o los servidores. Las traiciones y los maleficios. Los animales domésticos. Las manchas del cuerpo. Las formas de descubrir los miedos y las afrentas.

Ben Ragel introduce conceptos de Casas derivadas, cuando dice que “también significa los cambios en el afecto de los amigos”, a causa de que la Casa VI es la Casa VIII (muertes, pérdidas) de la Casa XI (amigos).

En tiempos medievales la Casa VI era muy completa en significados, que hoy día son incomprensibles o extraños, pero conviene conocerlos e intentar trasladarlos al presente, donde los cautivos, los siervos o los criados se pueden escenificar a través de los empleados, y las bestias o el ganado menor; hoy día salen a escena a través de los animales domésticos, las mascotas con las que convivimos.

La Casa VI tiene una importante relación con la salud, y los planetas allí ubicados pueden fluir en modo de enfermedades. Cuando los tránsitos planetarios afectan al Sol, y no logran manifestarse en forma de trabajo o servicio, entonces se pueden percibir alteraciones cardíacas o disfunciones en el ojo derecho. Si ocurre con la Luna, suelen producirse alteraciones en el aparato digestivo, y disfunciones en el ojo izquierdo. Si es Mercurio, suelen ocurrir alteraciones físicas que se perciben en las neuronas, los tendones, en los discos intervertebrales, intestinos o bronquios. Venus origina alteraciones en la salud de los riñones, la garganta, los órganos sexuales o la próstata. Marte suele conducir a jaquecas dolorosas, accidentes, alteraciones musculares, en sentido de debilitamiento, o excesivo e innecesario desarrollo muscular para la vida de una persona, o problemas relacionados con la sangre. Júpiter suele acabar por afectar al hígado o a la circulación. Saturno acaba por afectar a los huesos, especialmente la dentadura y las articulaciones de rodillas, hombros, codos y columna. Urano deteriora o altera el sistema nervioso y genera enfermedades neurológicas. Neptuno sin canalizar, acaba por provocar confusiones inconscientes o crecimientos celulares desordenados, y alteraciones en el flujo del sistema linfático. Plutón por provocar alteraciones en la glándula tiroides, en la zona perianal o en la piel.

9.02 El tránsito de Marte por Casa VI. Puesta en marcha del trabajo

Esta es una corta temporada, en la que hay que poner en marcha un trabajo, iniciar una actividad o en la que suele incrementarse la actividad laboral. Para muchos, las tareas y los quehaceres obligatorios, pueden llegar a resultar fatigosos, irritables o excesivamente cansados. Es posible que se realicen o que se reemprendan nuevas tareas profesionales, o que se tengan que realizar servicios especiales durante un tiempo. Para algunos implica responsabilizarse de un animal doméstico o llevar una carga adicional. Como curiosidad, es cuando se decide comprar ropa de tipo deportivo o profesional. Es tiempo de vestir con chándal. En los peores casos puede resentirse la salud por cansancio, o por necesidad de eludir las obligaciones, y se pueden padecer fiebres o pequeños accidentes. Si Marte se vuelve retrógrado, puede sincronizar con la enfermedad grave, o la muerte de un hermano de la madre.

Este tránsito siempre se deja notar como momentos de mucha actividad laboral. En ese tiempo es probable que se realicen traslados o se movilicen objetos algo pesados. Puede coincidir con un simple cambio de macetas o de arreglo de armarios en casa, cambios de mobiliario, pequeños arreglos etc. Incremento o cambios en la actividad laboral.

9.03 Venus transitando por la Casa VI Vacaciones o tareas de arte o belleza

El tránsito de Venus por la Casa V altera un poco el ritmo del trabajo, bien porque se reduce la actividad laboral, o bien porque hay días de vacaciones o de descanso. Venus en la casa VI es el planeta de las huelgas en el modo que sea, salvo para los que realizan actividades relacionadas con la belleza o el arte; en esos casos el tránsito de Venus tiene un significado de actividad en esas tareas.

Para algunas personas, durante ese tiempo. El cual suele durar un mes, puede ser de encuentro del amor en el medio laboral, para otras será una situación de descanso, de alivio laboral, mientras que para otras significará la compra de una planta o un pequeño animal doméstico. En general las tareas cotidianas, el servicio que hacemos, fregar los platos, planchar la ropa, barrer y limpiar la casa, arreglar armarios, llevar al perrito a la peluquería, suelen resultar más gratas y satisfactorias.

Durante este tránsito de Venus el trabajo se hace más agradable, y divertido, es cuando se reciben alegrías económicas o se estabiliza el puesto de trabajo. También se puede esperar mejoras en la salud, lozanía, mejor color de cara y quizás se engorde un poquito. Posible cambio o compra de ropa nueva, es tiempo de vestir con ropa bonita de fiesta. Son días en los que se arreglan los armarios o se pone orden en las estanterías, librerías etc. Se cuida la estética de la casa, del hogar. Todo ese tipo de tareas cotidianas resultan más cómodas de realizar, o se hacen dentro de un mejor ambiente.

9.04 Mercurio transitando por la Casa VI

Cualquier planeta que transite por la Casa VI, deja notar su paso, igual que se nota en un estanque cuando tiramos un piedrecilla en el agua. Una pequeña onda mueve las aguas del escenario del mundo laboral, una llamada de atención desde los asuntos de esa Casa.

La influencia de este tránsito varía mucho en función de los aspectos que forme durante su paso. Si tienes planetas en la Casa II, el tránsito de Mercurio por la Casa VI formará un aspecto favorable de trígono, y eso significa una oportunidad de ganarse mejor la vida con el trabajo, o si eres empresario, obtener una mejor rentabilidad de tus trabajadores.

Pero si no tienes planetas en la Casa II, sino en la III, entonces el tránsito de Mercurio formará cuadraturas con los planetas de la Casa III, luego se puede esperar un aumento de la actividad, en especial si se trata de personas que tienen que escribir, contar, medir, pesar, vender o realizar intercambios de cualquier tipo. Y si tienes planetas en la Casa IX ocurre igual, pues el tránsito de Mercurio por la VI forma aspecto de cuadratura con esos planetas allí ubicados, y eso significa algún pequeño cambio en el mundo laboral, ocupación adicional del pensamiento, obligación de comunicar, escribir o realizar servicios. Por otro lado, si tienes mascotas, se necesita un tiempo suplementario para cuidar animales domésticos, y si no para plantas, o arreglar los armarios o los archivos.

Por otra parte, cuando Mercurio forma malos aspectos desde la Casa de la salud, se pueden esperar días de mayor nerviosismo, inquietud, o pequeños problemas intestinales.

9.05 Júpiter transitando por la Casa VI

Si ves que Júpiter va a transitar por la Casa VI, piensa que algo va a cambiar en el ámbito laboral, y también en el de la salud. Generalmente se trata de un año de mejoras laborales, pero conviene recordar que el planeta Júpiter es muy sensible a los malos aspectos, y para quienes tienen un empleo por cuenta ajena, si Júpiter se conecta con otro planeta formando un mal aspecto, entonces puede coincidir con un periodo intermedio de carencia de trabajo. Pero, casi siempre se puede esperar un incremento en el trabajo, o satisfacciones laborales. Es posible que se deje de hacer una tarea y se inicie otra más cómoda, satisfactoria o rentable que la anterior; en casi todos los casos se termina por realizar un trabajo más gratificante, aunque con pocos periodos de descanso o careciendo de vacaciones. Para algunos el tránsito de Júpiter por la Casa del trabajo fluye a través de viajes relacionados con el mismo, mientras que para otros puede significar la adquisición de un vehículo industrial, el cual mejore las condiciones de trabajo.

En el área de la salud se pueden producir modificaciones, sobre todo si existen otras determinaciones. Pueden aparecer quistes, tumores de grasa, o cualquier otra cosa que suponga un crecimiento excesivo de grasas, pero que al final no suele revestir ninguna gravedad. En otros sentidos la influencia del tránsito de Júpiter, por esta Casa, se puede notar ya que se mejora el vestuario con ropa buena, o se consiguen nuevas dependencias o armarios. Es tiempo de vestir con ropa de rico, o tener ropa en abundancia.

Si tienes mascotas, se hacen grandes, o se viaja con ellas, y si no, es el tiempo de hacerse con una buen mascota.

9.06 Saturno transitando por la Casa VI

El tránsito de Saturno por la Casa también remueve las aguas del estanque del mundo laboral, pero su influencia tiene lecturas diferentes, en primer lugar si se trata de una persona asalariada, un empleado, una persona que trabaja por cuenta ajena;

las posibilidades de quedarse en paro durante un tiempo es muy alta, basta con que en algún momento realice malos aspectos, para que se produzca una crisis en el ambiente de trabajo. Si forma aspectos de cuadratura con otros planetas en la Casa III, significa desencuentros y dificultades con los compañeros de trabajo, y suele ser la época del despido o de poco trabajo o de trabajo clandestino. El brillo o el mérito del servicio, que se realiza, queda en manos de otros, y apenas llega el reconocimiento del trabajo realizado.

En el caso contrario, cuando Saturno forma buenos aspectos con planetas en la Casa II o en la Casa X, significa tiempo de oportunidades para medrar en el trabajo, para asumir puestos de mayor responsabilidad, y mejor remuneración. En casi todos los casos, es una época en la que nos vemos obligados a realizar trabajos pesados en lugares oscuros, fríos, con escaleras, o a realizar tareas que otros desechan, y que en otro tiempo no hubiéramos realizado.

Para quien trabaja por cuenta propia, se puede considerar un periodo duro, pero de afianzarse en el trabajo. En algunos casos es cuando compran o alquilan el local de un negocio. Si se tienen empleados, o sirvientes, hay que vigilar bien este tránsito, pues si Saturno va retrógrado y forma algún mal aspecto, significa problemas o disgustos a causa de los servidores o empleados

En el área de la salud casi siempre surgen algunas debilidades; con Saturno pasando por esta Casa, tenemos la sensación de estar más cansados, y siempre puede surgir la necesidad de realizar algún tipo de terapia, o visita al dentista.

Por otro lado, es una época en la que se carece de ropa nueva o se es muy estricto en el vestuario. Surge la tendencia a elegir ropa de colores oscuros o negro, incluso ropa vieja o usada. Es tiempo de vestir con ropa de pobre. A veces coincide con la necesidad de tener armarios nuevos, instalaciones de estanterías o similar. Curiosamente se suele vivir la enfermedad de un hermano, de la madre, o la pérdida de una mascota.

9.07 Urano transitando por la Casa VI

Durante los aproximadamente siete años que dura el tránsito de Urano por la Casa VI, suele producirse una evolución, un cambio importante, un giro radical en los asuntos relacionados con la vida laboral, en una etapa de la vida en la que sentimos la necesidad de evolucionar; esa necesidad que no se sabe bien de dónde surge, nos suele llevar a buscar un cambio en las actividades laborales. De un modo u otro el mundo laboral se transforma, se renueva y se modifica de manera muy notable. Transcurrido un tiempo se varían las obligaciones profesionales. En unos casos se pasa a ocupar una labor completamente diferente, en otros se pierde súbitamente el trabajo que se venía realizando, y se padece un periodo de carencia, de falta o de escaso trabajo. Al final siempre aparece un cambio innovador, una nueva tendencia que suele llevar a realizar un servicio nuevo, a desempeñar labores más modernizadas.

Son muchas las personas que dejándose arrastrar por ese impulso evolutivo de Urano, éste les lleva a realizar tareas relacionadas con las terapias alternativas, medios de comunicación, o con técnicas modernas.

En el ámbito de las alteraciones de la salud, si Urano forma malos aspectos, especialmente con planetas ubicados en la Casa XII, pueden aparecer alteraciones de tipo nervioso, enfermedades neurológicas transitorias, arritmias o trastornos mentales llevaderos.

En esos años se suele cambiar un poco la forma de vestir, se usan bufandas o foulard de color morado o lila, es cuando nos pasa por la cabeza la idea de comprar ropa muy moderna, y algo extravagante.

9.08 Neptuno transitando por la Casa VI

Si imaginamos el escenario de la Casa VI como si fuera un puerto marítimo, el tránsito de Neptuno por esta Casa es como la arribada de un barco largamente esperado, igual que aquellas enormes naves, los transatlánticos que trasportaron desde Europa a los abuelos, de buena parte de los habitantes del nuevo mundo.

Es verdad que, con la llegada de los europeos a las nuevas tierras, llegaron con ellos las nuevas enfermedades. De igual manera con la llegada de Neptuno a la Casa, si forma malos aspectos, llega el tiempo en el qué a causa de las condiciones ambientales, la comida, la bebida, el ambiente laboral o las condiciones psicosociales, nos dejan en un estado de debilidad, o de una cierta vulnerabilidad ante las enfermedades infecciosas, aunque son mucho peores las enfermedades causadas por los disgustos sin digerir.

El tránsito de Neptuno por esta Casa se extiende en un periodo largo de años, y su influencia se suele notar preferentemente en los ámbitos propios de esta Casa, es decir la salud y el trabajo. Podemos pensar en alteraciones de la salud física cuando existan planetas en la Casa XII, a los cuales llegue a formar varias oposiciones a lo largo de muchos o unos meses, es entonces cuando aparece el riesgo de padecer enfermedades agudas, causadas por factores externos infecciosos, o crecimientos celulares desordenados que requieren tratamiento.

Cuando la influencia de Neptuno no fluye a través de las alteraciones de la salud, puede hacerlo en el ámbito laboral, especialmente si Neptuno forma aspecto con planetas ubicados en la Casa II o en la Casa VI. El dinero y la profesión, entonces, significan oportunidades para mejorar en el trabajo. En general con el tránsito de Neptuno por esta Casa, llega un tiempo en el que resulta fácil cambiar de trabajo, variar de tarea, transformar la ocupación que se realizaba, y comenzar un quehacer diferente. Durante esos años que dura el tránsito de Neptuno, lo normal es que el cometido laboral se renueve o se reforme.

Lo mejor de este tránsito: es una época de la vida, en la cual se nos posibilita realizar tareas más acordes con los ideales de cada uno. Casi siempre suele realizarse, por lo menos, el intento de llevar a la realidad una ocupación ideal.

En otros casos, cuando Neptuno forma malos aspectos, es cuando se viene abajo el trabajo que se estaba realizando, el negocio que se poseía o el puesto que se ocupaba, y en los casos que esto no sucede porque no se tiene trabajo, se pueden esperar alteraciones mentales leves, o enfermedades causadas por la mala o inadecuada alimentación, y los disgustos.

9.09 Plutón transitando por la Casa VI

Plutón en su semejanza con los armamentos, tiene una relación directa con la bomba atómica, que donde cae lo arrasa todo, de igual manera como cuando Plutón llega a la Casa VI, que se desmantela el mundo del trabajo; es el tiempo de las transformaciones profundas en este ambiente. Suele tratase de un periodo de tiempo, en el que ocurren transformaciones profundas en el ámbito laboral.

En un primer periodo, el trabajo que se realiza resulta penoso, ingrato, duro, y puede llegar a ser insoportable, desesperante o indignante, hasta tal punto que se suele llegar a una situación límite, la cual obliga a transformar profundamente el sentido del servicio, del trabajo que se realiza, o de la función laboral que se debe cumplir. En muchos casos se realiza un sobreesfuerzo para terminar una carrera y poder cambiar de trabajo, en otros simplemente se cambia de tarea, o se ocupa un puesto laboral completamente distinto al de antes de iniciarse este periodo.

Si Plutón forma buenos aspectos con planetas de la Casa X, su influencia se puede escenificar través del logro de algún poder, o cargo relevante en el trabajo. Si forma buenos aspectos con algún planeta en la Casa II, entonces, el trabajo se vuelve más rentable que nunca.

Si forma oposiciones con algún planeta en la Casa XII, pueden ocurrir alteraciones en la salud a causa de algún desorden en la tiroides, problemas en la piel, o en la zona perianal.

Parte 10

10.0 Los tránsitos de los planetas por la Casa VII

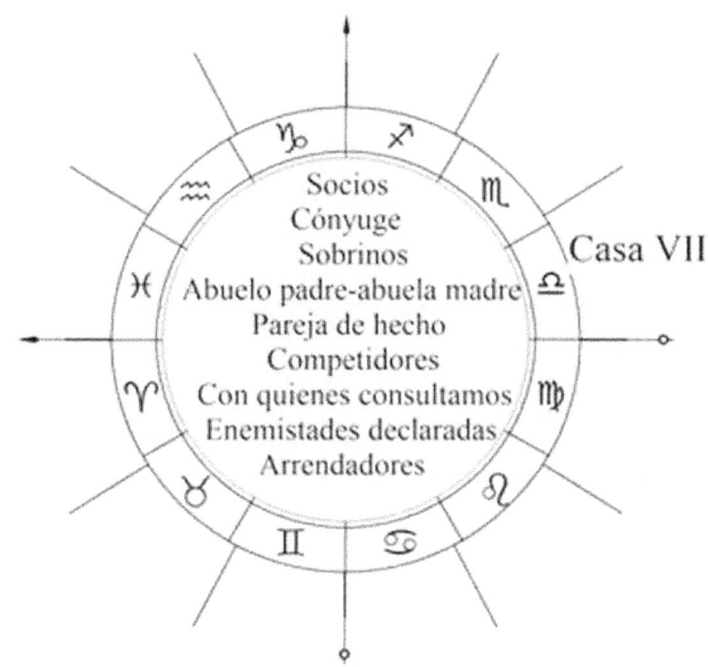

10.01 El escenario de la Casa VII

La visión que tenían los antiguos astrólogos era hiperrealista, una visión concreta. Sobre el significado de la Casa VII Ben Ezra dice: “La séptima Casa es de las mujeres, el acostarse un hombre con una mujer, las discusiones y batallas, el comparecer ante la justicia, los ladrones, los colaboradores y los intercambios comerciales."

Mientras que Ben Ragel amplía su significado y dice:

"Esta Casa es de las mujeres, las bodas, los pleitos, los casamientos, yacer con mujeres, los abuelos, los adversarios, los abogados, los pleitos, la muerte de los enemigos..." Ben Ragel añade significados procedentes de las Casas derivadas, lo que se deduce con facilidad cuando dice que la Casa VII es el escenario, donde se observa la muerte de los enemigos.

Abraham Zacuto añade: "Asimismo, esta Casa representa a los enemigos declarados y fuertes, y si sus significadores están débiles, significa empeoramiento para ellos. Si están formando buen aspecto es señal de amistad, y al contrario... pero con todo y con eso, la casa de los enemigos es al mismo tiempo la Casa de las mujeres".

Para Abraham en la Casa VII, además de las relaciones matrimoniales y las mujeres, es el escenario de los arrendadores.

Todo lo que sucede en el escenario de la Casa VII, son asuntos que ocurren a causa de nuestra relación con los demás, todo aquello que experimentamos a causa de los otros en especial con nuestra pareja, con los socios o colaboradores y también los competidores; esas personas que tienen las mismas metas sociales o profesionales con las que tenemos que competir.

10.02 El tránsito de Marte por Casa VII

Cuando llega el tránsito de Marte a la Casa VII se acabó la paz y la tranquilidad, esta es una etapa de ajustes de cuentas, de aclarar las cosas, poner sobre la mesa ciertos asuntos que se mantenían a la espera, o de cuestionarse este tipo de relaciones. Cuando Marte forma malos aspectos se pueden esperar algunas disputas, discusión o problemas con la pareja, con el socio o con personas con las cuales se colabora en algo.

Generalmente se provocan enfrentamientos con los demás, es cuando nos vemos obligados a competir, cuando nos retan o nos desafían en el sentido que sea, es el tiempo en el cual se compite abiertamente, y no nos queda más remedio que tratar de establecer una nueva relación midiendo el poder personal.

Durante el tiempo del tránsito de Marte, da la sensación de que los colaboradores, el socio, pareja o los competidores, se crecen, se muestran más fuertes y están dispuestos a la lucha; por ello es difícil zafarse de más de un enfrentamiento. Cada vez que se forma un mal aspecto, suelen crearse situaciones en la cuales no queda más remedio que dar la cara y cantarlas claras.

Si se forman malos aspectos, pueden fluir a través de situaciones de cierta violencia, o tensiones a causa de la pareja o de personas con las que estamos ligados.

Si tu pareja es celosa, durante esas semanas se puede poner un poco insoportable, es cuando tienes que decirle a tu pareja: “Baja un poco el tono de voz que nos van a oír los vecinos”. Lo normal es que se originen algunas discusiones, en las cuales se oiga levantar la voz a las personas propias de este escenario. A veces fluyen en cierto modo disgustos o enfados abiertos, durante el tiempo del paso de Marte por esta Casa; siempre hay un riesgo de disputas, discusiones y problemas con la pareja, o los colaboradores, generalmente a causa de los celos o las envidias de los demás.

Recuerdo una ocasión en la que tenía el tránsito de Marte sobre mi Luna en la Casa VII, y pensé que podría eludir la mala influencia, pues en ocasiones anteriores he tenido disgustos con mi abuela, otras veces con mi madre, luego con mi pareja, así que ese día decidí no ir a casa a comer y me fui con dos amigos a tomar algo al Torrechó, un bonito bar frente a la playa en Benidorm. Estaba ufanándome con mis amigos del modo en que me había librado del tránsito de Marte sobre mi Luna en la Casa VII, cuando de manera inesperada, un sujeto que estaba en la barra del bar, le metió un puñetazo a otro que pasó rodando por nuestro lado. Y así se da uno cuenta que la influencia astrológica es como la lluvia, si no sale por un sitio, sale por otro.

10.03 Venus transitando por la Casa VII

Cuando llega Venus a la Casa VII, suele influir más en lo que nos ocurre a causa de los demás, que por influencia de nosotros mismos. Lo normal es que tu pareja cambie de tono, modere su trato, se vuelva más amable y de muestras de cariño; por eso suele ser un tiempo, en el que se endulzan las relaciones de pareja. Es el poco rato del año en el cual solemos pensar que ha valido la pena tener pareja; el resto del año es diferente.

Con el paso de Venus por la VII, miramos a nuestra pareja con mejores ojos, vemos belleza o simpatía donde semanas antes veíamos a un enfermo, o a una persona débil o floja. Es en este tiempo cuando volvemos a ser "engatusados" por quien comparte su vida con nosotros, ahora sonríe, se ríe y tiene mejor cara. Pero todo tiene un costo, y esa sonrisa o amabilidad inusual suele estar acompañada de pequeños gastos, préstamos o dádivas para la pareja.

En otro plano del escenario de la Casa VII, están nuestros competidores y nuestras enemistades declaradas; este tiempo del paso de Venus nos hace mejor cara, hasta sonríen al vernos pasar. Por eso es un buen tiempo para hacer las paces con antiguas enemistades, o para recuperar relaciones que parecían perdidas. En esos días es probable que se viva una pequeña reconciliación, una conclusión feliz de un problema pendiente, que en algunos casos se percibirá en el área conyugal o de relación de pareja.

Por otro lado, en ese mismo escenario de la Casa VII se escenifican las relaciones con los socios, si los hubiera, entonces es cuando recibimos alguna gratificación que nos provoca alegría.

El paso de Venus por esta Casa se nota especialmente en los sucesos, en los cuales estamos haciendo vida social o profesional; su influencia nos genera la necesidad de buscar a otra persona para realizar una consulta del tipo que sea, bien profesional o personal. A veces es simplemente, cuando tenemos que ponernos en manos de un profesional de la peluquería.

10.04 Mercurio transitando por la Casa VII

De los tránsitos de Mercurio por la Casa VII no hay que esperar gran cosa, pero casi siempre reflejan situaciones en las cuales nos vemos obligados a hablar en público, o a tener encuentros en los que hay dialogar con los demás, o los demás quieren conversar con nosotros. En este mes hay mayor disposición para hablar con la pareja que en otra época del año.

En esos días la influencia de Mercurio nos induce a consultar a un profesional, o a un joven más avispado que nosotros para que nos ayude a instalar un programa, o cualquier cosa que se le parezca. La influencia de Mercurio puede salir por innumerables sitios pero siempre hay que recurrir a otras personas que tengan mayor habilidad, o que sean más expertos en el tema que nos ocupa, en el mes del paso de

Mercurio por la VII. Para quienes tenemos hijos coincide con el tiempo en que sentimos la necesidad de su ayuda, o colaboración, y es cuando tenemos que recurrir a un hijo para lo que sea.

Durante esos días es cuando solemos adquirir algún compromiso con otras personas, puede ser alguna alianza de palabras para realizar un servicio, o bien emprender algún pequeño viaje. Y como cosa menor suele ocurrir que en esos días hay que firmar un pequeño contrato, documento o similar, que puede ser favorable o desfavorable, en función de los aspectos que vaya formando Mercurio al pasar.

10.05 Júpiter transitando por la Casa VII

La sutil influencia de paso del planeta Júpiter por la Casa VII, se puede notar en un aumento de la actividad social. Es cuando los demás jalan de nosotros, nos buscan o se dejan encontrar para realizar actividades de todo tipo, o viajes junto a ellos. En ese tiempo pueden parecer las personas más adecuadas para asociarse, o unirse para emprender cualquier empresa o proyecto.

El año en que pasa Júpiter por la Casa VII, se nota como un tiempo de apertura y expansión hacia las relaciones sociales, de integración y mejora en las relaciones de pareja, y es la mejor temporada del ciclo para las relaciones asociativas.

Para los que se mantengan libres de compromiso de pareja, puede ser el año del matrimonio, del inicio de una relación seria y duradera, o el momento de encontrar el socio que complemente nuestras carencias.

Si eres una persona flipada, puedes tener la sensación de que un ángel ha venido a ayudarte en tus proyectos, en el cuerpo de una persona que bien puede ser extranjera, o de características propias de Júpiter.

Si estuviéramos en el siglo XVI, Júpiter podría escenificarse como la ayuda de un clérigo. Hoy día la mayor parte de los clérigos están para que los ayuden a ellos.

Casi siempre suele aparecer un personaje en nuestras vidas, el cual resulta muy beneficioso para el logro de nuestros objetivos. Lo normal, es ver como aparece en nuestra vida un personaje que reúne las características ideales para unirse, asociarse, o una situación que permita realizar compromisos formales con otras personas, las cuales siempre pueden tener un componente de extranjeros. Lo normal es que se pueda experimentar la sensación de tener suerte por haber encontrado a esta, o esas personas, en esta situación favorable.

Esta persona, a través de las cuál se filtra el influjo de Júpiter, suele dejar su huella en forma de contratos, sociedades, colaboraciones o consultas importantes.

Pero no es conveniente fiarse de este tránsito de Júpiter, y menos si se vuelve retrógrado o forma malos aspectos, pues los resultados de estas asociaciones o las expectativas que crean estas personas, que aparecen en nuestra vida en este tiempo, suelen quedarse algunas veces en desencantos, litigios o pleitos, y dejan la sensación de engaño.

Para quienes se dedican profesionalmente a realizar consultas para los demás, aumenta el número de consultantes.

10.06 Saturno transitando por la Casa VI I

El paso de Saturno por la Casa VII también se puede notar como la llegada a tu vida de una persona seria, adusta, formal, responsable, que en ese tiempo nos ofrece la posibilidad de compartir la vida, bien sea en el plano profesional o en el plano personal. Es en este tiempo cuando te encuentras con una persona del pasado, por la que sentiste interés hace muchos años, y que ahora está disponible para compartir su vida contigo.

Al llegar Saturno a la VII se acaba de finalizar un periodo penoso en el ámbito laborar, sobre todo si se trata de una persona que trabaja de empleado, pues Saturno viene de la Casa VI y en algunos casos es posible encontrase sin empleo, o con un empleo precario, por eso, para sobrellevar las cargas familiares, la relación de pareja adquiere mayor importancia, y en este tiempo pueden recaer sobre la pareja. Es una etapa de la vida en que las responsabilidades materiales pasan a la pareja, y en estos casos se puede depender durante un tiempo exclusivamente del otro.

En general se siente a la pareja como más real y más auténtica. Durante este tiempo se descubre la importancia de la pareja y se valora lo que se tiene, es cuando nos planteamos lo que necesitamos de ella y que nos ofrece, por ello es un época de cierto riesgo para este tipo de relación, dependiendo del desequilibrio que exista ahí. En algunos casos se cuestionan las relaciones de pareja y es cuando dicen

¿Pero vale la pena aguantar a una persona así? A veces es cuando nos damos cuenta: nuestra conyugue ha envejecido o está más débil y delgada, algo se nota que antes no se notaba.

Al final todo depende del valor que se tenga de la pareja, aunque casi siempre podemos llegar a cuestionarnos en las relaciones. En algunos casos surge la necesidad de dejar una pareja y entrar en una nueva relación. Cuando Saturno está bien, se estabilizan o se afianzan estas relaciones. Disminuyen las consultas.

Para quienes se dedican profesionalmente a realizar consultas para los demás, disminuye el número de consultantes o nos consultan personas mayores o clientes del pasado.

10.07 Urano transitando por la Casa VII

Ciertamente es una etapa delicada para las relaciones de conyugues, y se puede decir que es uno de los momentos más delicados para estas relaciones. Normalmente la pareja trata de encontrar su propia identidad, de valerse por sí misma y durante un tiempo se pueden crear algunas situaciones irregulares, o transformaciones, que durante un tiempo producen anomalías en este tipo de relaciones, pues no soportan bien la vida doméstica, necesitan más libertad de movimiento y realizar actividades el uno, que no estén controladas por el otro cónyuge. En bastantes casos, cuando la pareja no tiene buenas raíces, se produce la ruptura o la separación, y en los peores casos (cuando otras determinaciones lo señalen), la muerte accidental de la pareja o el socio.

10.08 Neptuno transitando por la Casa VII

Aquí se inicia un periodo largo en el que las relaciones de pareja o asociativas, pueden sufrir toda una larga serie de modificaciones. Para muchos supone la época del desengaño, de los enredos de pareja en los que afloran emociones inconscientes que pueden llegar a alterar de manera importante estas relaciones. En unos casos aparecen enfermedades de origen psíquico, en el cónyuge o en el socio, que trastornan el trato con ellos, o que requieren cuidado y atención. En otros se sufren serias frustraciones que pueden conducir a situaciones insostenibles o muy difíciles de sobrellevar. En la mayoría de los casos se llega a sufrir una fuerte angustia causada por el ahogo que produce este tipo de relación, causada por complicaciones con enfermedades, deslealtades o complicaciones diversas. En el mejor de los casos es el tiempo en el que aparece la pareja, o el socio más parecido al ideal.

10.09 Plutón transitando por la Casa VII

Este tránsito suele señalar algún tipo de complicación, o insatisfacción en las relaciones asociativas o de pareja. En muchos casos se deja sentir como una carencia afectiva o sexual, se percibe como que existe en la relación una especie de vacío que no se puede rellenar. En casos extremos (que son pocos), coincide con la pérdida, la muerte o el abandono de la pareja. Por otro lado, es una época en la que se es más magnético o atrayente para los demás; aporta una cierta sensación de poder sobre otras personas, pero también suele provocar fuertes rivalidades con la competencia, o antagonismos insalvables con disconformidades, o enemistades declaradas, que a veces están asociadas con la pareja.

Parte 11

11.0 Los tránsitos de los planetas por la Casa VIII

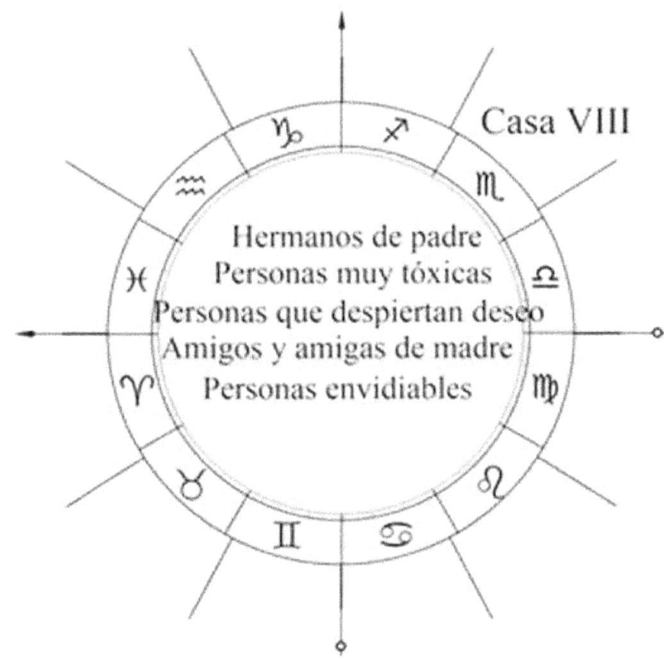

11.01 Casa VIII

La Casa VIII conocida como la Casa de la muerte, tiene mucho más contenido que la muerte en sí misma. El escenario de la casa VIII lo visitamos al menos dos veces cada día, son momentos de máximo riesgo para la vida, pues en los instantes que estás en el cuarto de baño te puedes partir la crisma en el plato de la ducha, o en la bañera. Para entender la casa VIII, es mejor pensar en todo lo que ocurre cuando entramos al cuarto de baño. Allí "soltamos" lo que nos sobra, ya sea en formato líquido, sólido o graso y todo tipo de suciedad, a eso entramos al baño y siempre salimos pesando un poco menos. Eso está científicamente probado.

La Casa VIII es un escenario en el que siempre se suelta algo, es como la barca de Caronte que para pasar al otro lado del rio hay que dejar un óbolo, aquí siempre, cualquier tránsito es como al paso del río en el que hay que realizar un pago o un donativo.

En esta Casa estamos como en una playa nudista, salvo algún guarro/a que se duche vestido, y los demás nos duchamos y nos bañamos desnudos. Un cuerpo desnudo puede despertar el deseo sexual, hay algunos que no, pero en general un desnudo de cauto de baño tiene un contenido erótico, el cual nos despierta el deseo, salvo que estés enfermo o te hayan destrozado la cabeza con ideas raras, porque el deseo nunca se extingue en una persona sana. Para que te hagas una idea, el deseo se parece a las necesidades que cubres en el cuarto de baño, que luego vuelves y vuelves hasta que un día te mueres, una persona carente de deseo, de entrada irá muy estreñida.

En esta Casa también se observa el dinero, o las ganancias que obtenemos de nuestra pareja, de nuestro socio si lo tuviéramos, o como resultado económico de las consultas remuneradas, las cuales hacemos para los demás. Así que no siempre en la Casa VIII es pagar y pagar, también se obtienen beneficios y herencias de todo tipo, económicas, de objetos y hasta de cargos. Se muere tu jefe y ocupas su cargo.

11.02 El tránsito de Marte por Casa VIII

El tránsito de Marte se nota a lo largo de varias semanas. En esos días suelen aparecer situaciones en las que surge la obligación de afrontar pagos, los cuales provocan cierto grado de tensión, en muchos casos estas tiranteces son ocasionadas por el cónyuge o por el socio. Los gastos o los pagos ocurren cuando Marte forma malos aspectos.

Suele coincidir con tensiones a causa de disgustos y ofuscaciones, debidos a exigencias de tipo económico. Gastos por extravagancias o despilfarros del cónyuge, o del asociado. Se deben afrontar deudas o pagos que producen tensiones. Casi siempre se deja notar en forma de gastos, o pagos.

También pueden acontecer gastos por actividades de reparación de la segunda vivienda. Es el tiempo de transformar algo, de deshacerse de lo viejo y prepararse para algo nuevo.

En otro sentido, cuando Marte transita por esta Casa, las pulsiones sexuales se vuelven más fuertes, se incrementan los deseos y las ambiciones de poseer o de disfrutar. En algunos casos estas pulsiones se desvían hacia otros sectores poco normales de la existencia y se meten en líos, que es mejor no hablar.

Pero en algunos casos, señala una tarea o un trabajo adicional con el fin de construirse una casa de recreo, un refugio o un lugar, donde se puede descansar u olvidar el ajetreo del trabajo.

El tránsito de Marte por la Casa VIII, es el responsable de que el cuarto de baño sea un lugar muy peligroso. En una ocasión que tenía un tránsito de Marte por la Casa VIII, sufrí unas importantes quemaduras en una gran extensión de mi cuerpo.

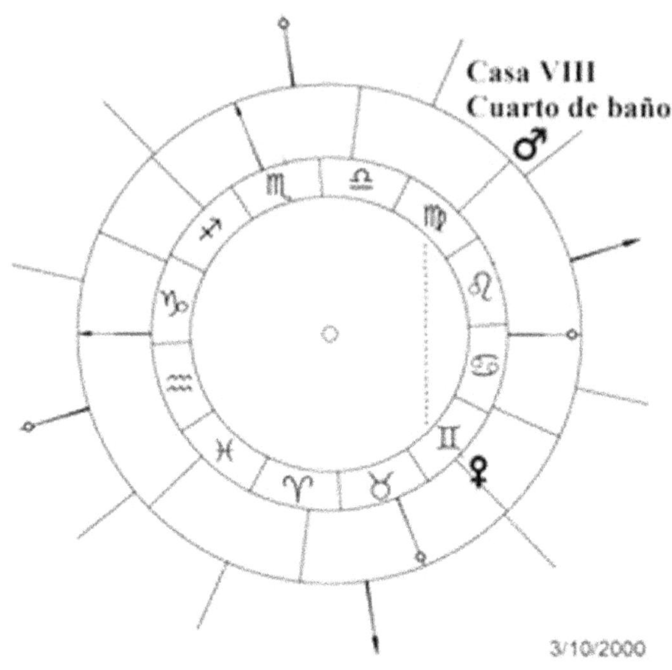

Cuando me vi llegar la cuadratura de Marte, desde la cúspide de la Casa VIII sobre mi Venus, pensé que podría tener algún conflicto con mi pareja sentimental, o bien con algunos de mis hijos, o bien gastos extraordinarios a causa de ellos. En ocasiones anteriores estudiando la influencia de los tránsitos, observé qué si te quedas en tu vivienda aislado, sin contacto con nadie, llega el tránsito y no notas nada. Igual que la lluvia, ahora está lloviendo en el mini-jardín y de aquí a dos metros a cubierto no me mojo,

Pues igual pasa con la influencia de ciertos tránsitos, que si te pones a cubierto no pasa nada.

El día del paso de Marte por mi Casa VIII, ocurrió a principio de octubre, acababa de alquilarme un pisito en el barrio de Gracia de Barcelona; así que decidí no moverme del cuchitril en todo el día, entonces se me ocurrió estrenar el cuarto de baño, desconociendo que los calentadores de agua de Barcelona, con eso de que son los dueños del Gas y del Agua, tienen unos calentadores mucho más potentes que los que tenemos en Alicante, donde no tenemos ni gas ni agua, todo eso es de compañías catalanas.

Fui al baño, coloqué la pera de la ducha sobre la bañera, abrí el grifo del agua caliente y cerré la cortina para crear ambiente. Luego me fui desnudando y una vez desprendido de la rompa abrí la cortina de la bañera, metí la pierna derecha pisando accidentalmente la pera de la ducha, la cual estaba boca abajo, al pisarla vi salir filamentos de humo ardiendo por donde debería salir agua, y en una o dos décimas de segundo sólo me dio tiempo a cubrirme lo que hay que cuidarse; el resto del cuerpo quedó expuesto a la ducha de agua hirviendo y fui abrasado; fue una sensación horrorosa y muy dolorosa, me di cuenta en ese momento que el "malage" estaba allí esperándome en su territorio preferido de la Casa VIII, el cuarto de baño, donde mueren muchas personas. Cuando te pasan cosas así, es normal que ya no sepas dónde está la realidad.

La influencia de Marte también puede tomar otros cauces menos dolorosos, como hacer cambios o pequeñas obras en el cuarto de baño

11.03 Venus transitando por la Casa VIII

Siempre que entra un planeta en la casa VII, se pueden esperar situaciones o encuentros que ocasionan pequeños gastos, o pagos de deudas atrasadas. Esos pagos o gastos resultan fáciles de asumir gracias a las aportaciones de otras personas como la pareja, el socio o con quienes estamos aliados. Aunque, por otro lado, puede haber gastos de dinero a causa de la pareja o asociado.

En esos días nos nace, no se sabe de dónde, un deseo o unas pretensiones, o caprichos, por personas o cosas muy deseables, los cuales pueden incitarnos a cometer excesos en la comida, el sexo o el dinero. Venus en VII se nota por un aumento del morbo, y del deseo de placer.

Aumenta el morbo, o el placer, el cual se percibe a través de los deseos imaginarios. Se vuelven un poco más atrevidos de lo normal en sus pensamientos, y llegan a ambicionar, mantener relaciones amorosas con personas a las que difícilmente pueden acceder. Gastos de dinero a causa de la pareja o el socio. Si es la pareja, hay que comprarle ropa o similar, hacer pagos de pequeñas deudas que venían agobiando. Son días en los cuales resulta fácil realizar compras a crédito.

11.04 Mercurio transitando por la Casa VIII

Todos los años en una época parecida, nunca la misma, entra el planeta Mercurio en tu Casa VIII; es en esa época cuando se pone por delante de ti una persona joven, demasiado joven, que te despierta el deseo y te dan ganas de hacer lo que no debes. "Agua que no has de beber déjala correr", o te puedes meter en lio importante. Las personas que se reflejan en la Casa VIII son personas muy tóxicas, y suelen provocar un suceso menor relacionado con una joven que despierta deseos.

Por otro lado durante el tránsito de Mercurio por esta Casa, hay que realizar pagos de pequeñas deudas o gastos causados por los hijos. Pagos de recibos o sanciones, multas, recargos etc.

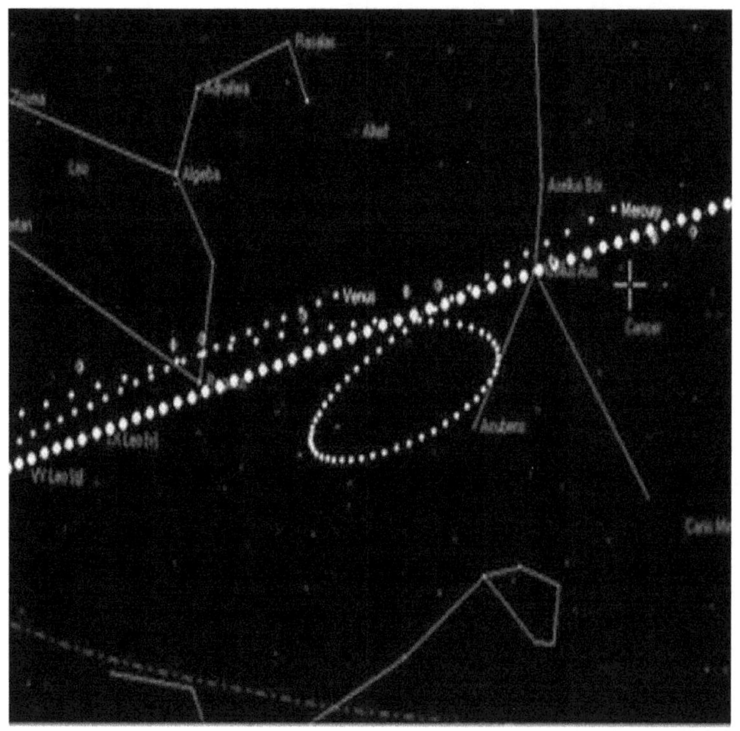

Si Mercurio forma un bucle porque forma un epiciclo dentro de esta Casa, entonces suelen aparecer pensamientos y preocupaciones relacionados con asuntos del pasado, que no se pudieron resolver, y que en este tiempo nos obliga a buscar papeles o documentos que aclaren el asunto. Otra cosa más que suele ocurrir a causa del tránsito de Mercurio, son pequeños trapicheos con objetos o cosas antiguas.

11.05 Júpiter transitando por la Casa VIII

La influencia del planeta Júpiter se percibe generalmente en términos de crecimiento desarrollo o prosperidad. La prosperidad o mejoras económicas vienen a través de las personas con quienes estamos relacionados por asociación o matrimonio, socios, colaboradores o pareja, son ellos los que aumentan sus ingresos, sin aliviar por ello nuestros gastos. El socio o la pareja mejoran su economía y también se benefician a costa de uno.

Si eres una persona que realiza una tarea social, o recibes consultas remuneradas de cualquier tipo, entonces en el año que transita el planeta Júpiter por la Casa VIII, se produce de manera muy notable un aumento de los ingresos por consulta o asesoría.

Por otro lado, es normal que a lo largo de este año, casi todos nos volvamos un poco más ambiciosos; se incrementan las pretensiones, la influencia de Júpiter te induce a querer conseguir algo que no tienes, ya sea prestigio, dinero, afecto, poder o simplemente sexo. Lo normal es que en este año se experimente un periodo de carencia afectiva, o económica, acompañadas de un incremento del deseo. Se tiene menos de lo que se desea o se desea más de lo que se tiene.

Se incrementan los gastos a causa de los viajes. En muchos casos se realizan viajes al extranjero en condiciones duras, difíciles o a través de mucho esfuerzo o coste económico. En algunos casos puede significar el final de un tipo de viajes, el último viaje a un lugar que anteriormente se visitaba con cierta asiduidad.

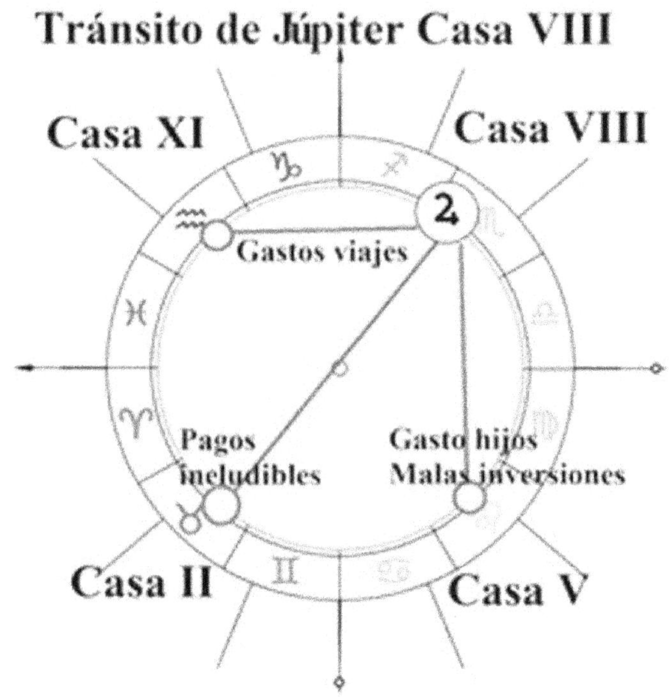

En ese año, si tienes una segunda vivienda un refugio o una cosa parecida, pueden comenzar las gestiones de venta de una casa aislada, seguido de un interés por apartamento o segunda vivienda. En los peores casos, cuando Júpiter forma malos aspectos, se puede pasar una temporada con muchos agobios económicos, es cuando se recurre a créditos o préstamos muy caros o difíciles de pagar. En algunos casos las carencias no son económicas, sino que pueden ser sexuales o para cubrir sus necesidades adictivas.

En otro sentido puede señalar el fallecimiento de un familiar mayor, o familia política. En algunos casos es cuando se les muere su maestro, su párroco confesor, o equivalente.

En el ámbito del hogar el paso de Júpiter deja mejoras en el cuarto de baño, en forma de cambios de grifos o de aparato de la ducha, es cuando ya hay que cambiar el asiento del retrete y poner uno nuevo a ser posible de madera.

11.06 Saturno transitando por la Casa VIII

Si te he de ser sincero, conviene que sepas que cada vez que Saturno entra en una Casa cambia el modo de darnos disgustos; su influencia restrictiva y represora también se nota en la Casa VIII. De entrada se estrecha el abanico de "objetos de deseo", baja la libido, disminuyen las ambiciones en ese sentido, se toma conciencia de las limitaciones, el deseo se desvía hacia personas del pasado o personas maduras, por no decir directamente mayores.

Este tránsito de Saturno por la Casa de la muerte está precedido por un cierto fatalismo, sin embargo, en general no se producen más muertes que en otros periodos. Las herencias tampoco suelen ser demasiado generosas, se pueden heredar viejas casas, muebles antiguos, u objetos antiguos de no demasiado valor.

Sí que es cierto, es una época en la cual se siente próxima la pérdida de bienes, puestos o relaciones, en algunos casos. Y sobre todo si tienen negocio propio, se corre el riesgo de ruina o de temporadas muy difíciles con problemas económicos, de cierta envergadura. En algunos casos coincide con inspecciones de hacienda, las cuales obligan a realizar pagos dolorosos y se crean frustraciones.

En otro sentido es el tiempo en el cual se concretan las ambiciones, o cuando se trata de llevar a la práctica deseos que implican rupturas, cambios o transformaciones importantes en la vida.

Esta Casa VIII también deja notar su influencia en la economía. Si se obtenían ingresos de la pareja, éstos disminuyen drásticamente durarte todo el tránsito. Si las ganancias se obtenían por asesoría o consultas a los demás, disminuyen los clientes y los ingresos. Aumentan los gastos a causa de los hijos o las pérdidas por malas inversiones. Si tienes dinero en valores variables, una parte queda atrapada durante un par de años.

Y en el cuarto de baño ya no hay quien entre, si te despistas se te llena el baño de cajas y cosas que no deberían de estar ahí.

11.07 Urano transitando por la Casa VIII

Urano en Casa VIII

A lo largo de varios años se presenta un período de finales imprevisibles, súbitos o inesperados. Generalmente marca el fin de una época, en la que se abandonan hábitos, costumbres, relaciones, amistades o formas de vida establecidas durante años, es cuando se marchan, se alejan o se pierden los amigos de la juventud. Por otro lado, suele producirse una mutación en los deseos, una transformación de las pulsiones sexuales y atreverse a mantener un tipo de relaciones libres, las cuales colman las ansias del impulso hacia la aventura. En algunos casos se reajustan herencias, y se puede sufrir la pérdida física de un ser querido, a veces es un abuelo, otras un amigo, y en el peor de los casos puede vivirse el alejamiento o la separación de los hijos.

11.08 Neptuno transitando por la Casa VIII

El paso del planeta Neptuno por la Casa VIII, señala unos años de dispersión o sublimación de los deseos. En ese tiempo no te gusta una sola persona, las fantasías sexuales se mueven como las nubes en el cielo buscando la forma ideal, el amor ideal, el sexo sublime, de igual manera van cambiando las ambiciones, y así, poco a poco, en unos años las ambiciones y las aspiraciones personales, se renuevan y transforman hasta llegar al deseo de lo ideal. Entonces se difumina el objeto erótico y resulta más difícil la fijación en un solo individuo, quizás por ello, en muchos casos, es un periodo en el que se mantiene más de una relación sexual, o se sublima por completo.

La Casa VIII por ser el escenario de las muertes, en los peores casos suele experimentarse la pérdida o la muerte de un ser querido, el cual deja profunda huella, o soportar una experiencia de muerte psíquica y renacimiento. Pero es más normal que acaben por morirse los deseos ilusorios y fantásticos, los cuales lastran la vida emocional en ese tiempo. Y hablando de muertes, si tienes algún abuelo delicado, es el tiempo de morirse.

Si tienes un hermanastro y hay herencia de por medio, hay que tener cuidado porque te puede engañar ocultado documentos, o similar.

Si tienes en ese tiempo la salud delicada, no se te ocurra auto medicarte, no sea cosa que te mueras envenenado; los medicamentos que te los recete un buen médico/a, nada de hacerse el listo con esas cosas.

En la economía puedes notar aumento de los ingresos a través de tu pareja, o tus socios si los tuvieras, o a través de tu trabajo, si te dedicas a consultoría o asesoría de los demás, es decir, recibes en consulta. Y al mismo tiempo unas pérdidas si tienes invertido el dinero en bolsa o parecido, y si tienes clientes puedes padecer un engaño, por no decir directamente una estafa. Y cuídate de los amigos, los yernos y las nueras en ese tiempo, porque te pueden costar disgustos por dinero,

Por último, la influencia de Neptuno por este sector misterioso se puede notar como un velo, o una cortina que se abre, y se puede experimentar un tiempo en el que se pueden desenmarañar temas antiguos relacionados con herencias, o particiones hereditarias, no sin pasar algún tiempo de incertidumbres, confusiones o molestias.

11.09 Plutón transitando por la Casa VIII
La erupción del deseo

La entrada de Plutón en la Casa VIII, suele venir precedida de alguna muerte en la familia. En ese tiempo emerge el deseo sexual de forma notable, una sed de sexo que antes no estaba, no importa la edad que se tenga. Tengo casos clínicos de niñas de corta edad masturbándose de modo natural. Algunas personas viven de manera tormentosa este flujo natural, el mismo que tienen las gatas las noches de verano y que un día u otro se pueden agarrar a ti, si es que no te agarraron en tu pasado. Y Plutón no respeta ni edad, ni sexo, ni gay, ni nada, sale como un volcán u arrambla con lo que pilla si tiene posibilidades para ello, y si no, tenemos el conflicto emocional garantizado.

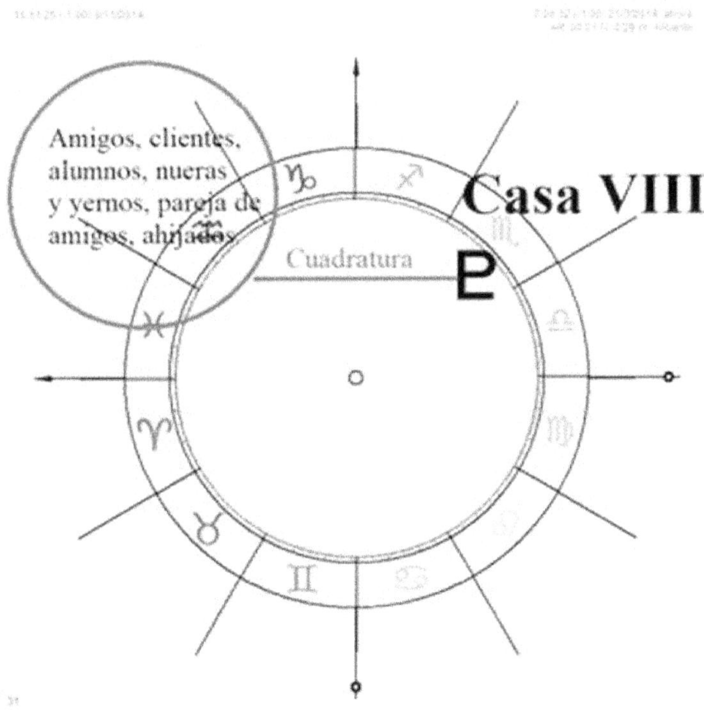

Esta época está marcada por el intento de satisfacer el mundo de los deseos, se ponen por delante las personas que provocan tal despertar, sin las cuales no habría a quien desear. En muchos casos es el tiempo en el que se da el paso hacia un amor socialmente prohibido.

Si tienes planetas en la Casa XI, cuando llegue el tránsito de Plutón formará una cuadratura, una fuerza astrológica que contrarresta, que reprime el flujo de Plutón, pues al dejarlo fluir, podrían ocurrir relaciones sentimentales o sexuales socialmente poco aceptables, como acostarte con la pareja de una amistad íntima, o con un cliente, o un alumno, o un yerno o un ahijado/a, personajes éstos que podrían obsesionarte un poco en el tiempo del tránsito de Plutón en cuadratura desde la Casa VIII.

Lo más notable del tránsito de Plutón por la Casa VIII, es que la vida erótica adquiere un protagonismo especial pero secreto e íntimo. Desde afuera es apenas perceptible, solo se puede apreciar una especie de calma, resignación o sensación de saciedad. Son años en los que se llevan a efecto las pulsiones eróticas.

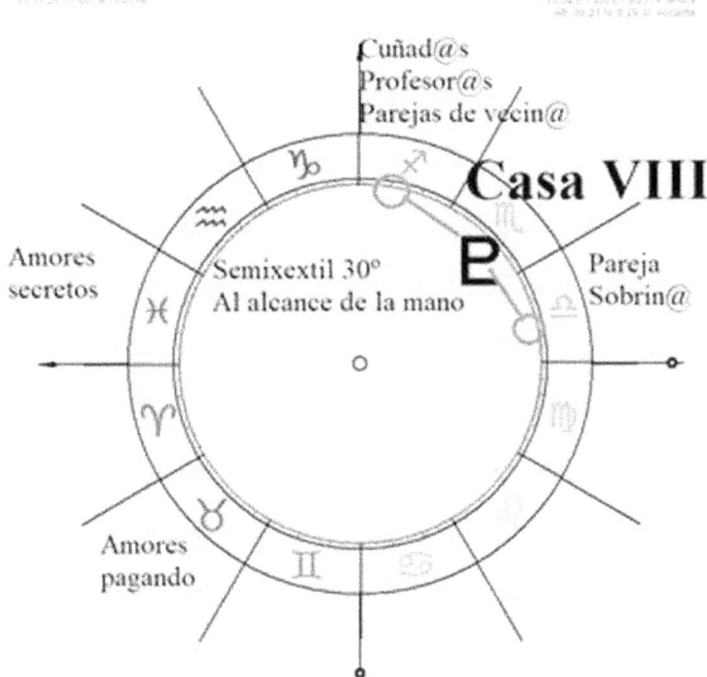

Antes o después de una etapa de inquietud, la influencia de Plutón ha de encontrar un cauce, lo más fácil es canalizarlo a través de los planetas en la Casa VII con los que formará aspecto de semi sextil cuya influencia se escenifica en modo de “tener al alcance la mano”. La pareja se transforma en el mejor cauce de estas pulsiones, y si no hay pareja se suele recurrir a un sobrino o sobrina, según sea la orientación sexual, que al final de la vida será el heredero o heredera.

Otras salidas relativamente fáciles son los personajes propios de la Casa IX, y quien tenga planetas en este lugar podrá experimenta la influencia del semixestil de Plutón en caso de tuviera este raro tránsito. El erotismo se puede canalizar a través de un profesor o profesora, de un cura, de un deportista, del hermano o la hermana del vecino, y lo peor, la cuñada o el cuñado, porque quién se siente traicionado así, vive una doble traición.

El primer periodo del tránsito de Plutón por la Casa VIII suele estar repleto de sufrimientos, angustias, amarguras o pesadumbres, en las que no faltan los celos, las sospechas y las desconfianzas. En unos casos el final es feliz y satisfactorio, pero en otros (a causa de la mala disposición o de los malos aspectos), el final es un vacío, una insatisfacción o una carencia dolorosa de llevar. En casos muy puntuales señala la muerte del ser querido. En otro sentido, son unos años en los que se enriquece de alguna manera a través de herencias, legados, bienes de sus antecesores, u operaciones financieras un poco oscuras. Es el tiempo en el que se puede adquirir una segunda vivienda aislada o el refugio deseado.

Parte 12

12.0 Los tránsitos de los planetas por la Casa IX.

Si eres de los que vas a misa de los domingos, cuando entras en la iglesia se abre el telón de la Casa IX, allí ves al párroco preferido y a sus acompañantes, todos ellos son los personajes centrales de este escenario.

Si no vas a misa los domingos, es posible que vayas al teatro, entonces cuando entras en el teatro se abre el telón de la Casa IX, allí ves a los actores presentando la obra que tú has elegido ir a ver.

Si no vas a misa ni al teatro, es probable que te guste asistir a algún espectáculo que lo sustituya. Si asistes a un concierto, al entrar en el lugar donde se va a producir el evento, ya sea un teatro, una iglesia o cualquier otro lugar habilitado, se abre el telón de la Casa IX y allí aparecen los músicos, y los cantantes, que se correspondan con tu gusto.

Que no te gusta ir a misa ni a conciertos, entonces te puede gustar algún espectáculo deportivo como el futbol. Cuando entras en el Estadio y te sientas en las gradas se nota que estás en el escenario de la Casa IX, aparecen tus ídolos adorados, los cuales domingo tras domingo te tienen el cerebro atorado, como los que van a misa los domingos, o a cualquier otro tipo de actividad religiosa en otro día de la semana.

Y si tú no eres de esa gente futbolera y mucho menos de misas, probablemente asistirás a algún concierto multitudinario de Rock, donde la misa es el concierto y el cura párroco que te pone en contacto con Dios, pueden ser sus "satánicas majestades" los Rolling Stones, por tantos idolatrados. Cuando entras en el lugar, se encienden las hiperluces y aparece tu ídolo adorado, ahí estás también en el escenario de Casa IX.

Y si no te gusta ir a misa, ni a conciertos de ningún tipo, ni mucho menos al futbol, entonces cuando de te vas de viaje y entras en la Estación central de lo que sea, se abre el telón de la Casa IX. Y si no te gustan las estaciones de ningún tipo, necesitas ser libre, entonces agarras tu carro y te lanzas a la autopista. En el momento en que estás conduciendo por una carretera amplia, o una autopista que te hace soltar un suspiro hondo por la sensación de que ya has salido, y que te vas, en ese momento se abre el telón de la Casa IX.

Y si tú eres mucho más espiritual que todo eso, porque has viajado lejos para encontrar el maestro espiritual de la estampita, la cual tienes sobre el mueble de madera del salón comedor, para que quede claro que tú tienes maestro espiritual con pedigrí, entonces el día que te postraste a sus pies, y casi sueltas una lagrimita de emoción, estabas en pleno escenario de la Casa IX, el mismo escenario del Teatro.

En el fondo a todos nos gusta el teatro, es más, la especie humana es teatral por naturaleza.

Y sea tu cuñada o tu cuñado, cuando te encuentras con ellos, no me digas que no parece que están interpretando una obra de teatro, o te cuentan un partido de futbol, un viaje o una historia que parece de teatro. Y es que son personas de la Casa IX. Por eso se les nota que sobreactúan, necesitan aparentar algo que no son, y eso mismo le ocurre a toda la familia política en su conjunto, los cuales sobreactúan y salen a escena en la Casa IX.

Suponte que un día te llevan delante del juez, algo que nos puede ocurrir a todos. A mí mismo me ocurrió, me llevaron ante el juez porque estaba acusado de darle una golpiza brutal a un fornido camionero. Al entrar en el juzgado se abría el telón de la casa IX. El juez me miró –yo era un chico más bien flaco y de poco músculo, el camionero me doblaba en peso y volumen- y vio que algo no cuadraba, el togado me absolvió sin decir nada. Ese fue mi encuentro con la justicia y el juez en la Casa IX, donde tengo el Nodo Sur. Resultó ser que otra persona, usando mi coche, tuvo un desencuentro con el camionero y le dio la golpiza. Me han suplantado muchas veces en mi vida y en la Casa IX salen a escena los suplantadores y los testaferros, los cuales son capaces de suplantar hasta a Dios, o a los que hacen el papel de Dios. Por eso los artistas protagonistas de la Casa IX también son los jueces.

Si estás estudiando en la universidad, cuando entras por la puerta de tu Facultad, en ese mismo momento se abre el escenario de la Casa IX, y todos los personajes que te encuentras allí son los actores de la Casa IX, en la obra de teatro de tu vida. Aquí los protagonistas de primer rango son los catedráticos, rectores, profesores y bedeles, los que guardan la puerta, los porteros, esos que se creen merecedores de mejor atención. Todos en su conjunto salen en tu Serie “La Universidad”. Buena parte de los compañeros, así como los profesores adjuntos, al no caber en el espacio de la IX, salen a escena en la Casa de enfrente, en la Casa III.

Y cuando ya eres mayor, especialmente si eres de Acuario, o tienes un toque de Urano, entonces la Casa IX será tu lugar de culto, donde está la semilla que te lleva hasta el futuro, lo más adorable para una persona Acuariana, el nieto o la nieta, por el que sienten adoración. Cuando llegas y te encuentras delante de tu nieto o tu nieta, se abre el telón de la casa IX, y en seguida que puedas te lo vas a llevar de viaje a Portugal, o donde sea y si tienes dinero le vas a pagar la carrera que haga falta.

Y es que, ya lo he dicho muchas veces, la influencia astrológica es como la lluvia que cae del cielo, pero cuando llega a la tierra busca diferentes cauces para fluir, de tal manera que los tránsitos de los planetas por la Casa IX dejarán notar su influencia de modo distinto en cada uno de nosotros. Para unos el tránsito por la Casa IX puede fluir en modo viaje para ir a disfrutar de una final de futbol, o un Congreso de cualquier cosa, para otros un concierto de Madonna, para algunos puede fluir en modo encontrarse con un maestro espiritual, o un maestro sin especificar su maestría que puede ser diversa, o te encuentras con tu cuñada que le ha tocado la lotería, y os invita a un viajecito todo pagado, o cosas por el estilo.

Y por último conviene que sepas que cuando entras en un lugar donde trabajas, bien sea la oficina, el taller, el despacho, el negocio o te subas a tu camión, el lugar donde habitualmente realizas tu actividad profesional, en el momento entras a ese lugar, se abre el telón de la Casa IX y ahí aparecen los "maestros" del lugar, los compañeros están enfrente, en la III.

12.01 El tránsito de Marte por Casa IX Marte en Casa IX

Imagínate que llega el tránsito Marte por tu Casa IX, si eres de esos que van a misa, notarás que el párroco está un poquito irritado y con ganas de amonestar a los feligreses.

Que no vas a misa, pues cuando vayas al partido del domingo, o de cuando sea, puedes encontrar muy cerca de ti a personas broncas, gritando e insultando, y tú allí al lado con cara de bobo, sonrojado sin saber que decir.

Que tú eres mucho más elegante y te gusta ir al teatro, entonces vas y te encuentras en el patio de butacas con una señora hablando y criticando en voz alta al artista que a ti te gusta, y te tienes que morder la lengua para no decirle que se calle.

Tú puedes ser de esas personas que con asiduidad asiste a sesiones de yoga o similares, cuando llega el tránsito de Marte por tu Casa IX, fíjate bien y verás que el “maestro” anda calentito/a, mas irritable. Si te das cuenta parece que esté envidioso y no se sabe bien de qué, el caso es que no tiene la simpatía de otros meses, se comporta de manera parca y apenas sonríe.

Y si no tienes nada de eso porque tú eres normal de toda la vida, no te preocupes que Marte también dejará notar su influencia cuando pase por la Casa IX. Llega un fin de semana y aparece tu cuñado, o tu cuñada, con el cansino teatro de siempre, irritados por no se sabe bien qué causa y fastidiándote el fin de semana.

Marte por la IX se nota, porque durante estas semanas se incrementa el número de viajes, o se originan gastos a causa de desplazamientos. Es una época en la se deben pagar matrículas, inscripciones para congresos, entradas de espectáculos o similar. En algún momento de este tránsito, suele producirse la asistencia a algún seminario, convención, exhibición o espectáculo público donde se experimentará mucho movimiento, o acción. Por otro lado, se incrementan las actividades abstractas de la mente. En los peores casos se pueden esperar discusiones y conflictos en el lugar de trabajo, o problemas originados por la familia política.

Es bastante normal, qué en los días del tránsito de Marte, se originen tensiones causadas por la necesidad de realizar desplazamientos precipitados. Y por último es difícil zafarse de fricciones o molestias por parte de otras personas en el lugar de trabajo, los que hacen de "pinche tirano", personas que causan martirio y sufrimiento a los demás y son los responsables de los sucesos que producen aprietos o apuros. En resumen, a veces un pequeño conflicto con un pariente político, gastos por viajes, o tensiones con la familia política. Asistencia a actividades sociales.

12.03 Venus transitando por la Casa IX

Todos los años en una época parecida, nunca la misma, el planeta Venus transita por tu Casa IX. Si tienes nietos hay motivos para sentir alegría a causa de ellos, y si no, se dulcifican las relaciones con la familia política, y en esos días viene alguno de tus cuñados y te hace un regalito y si no tienes cuñado ni nietos, entonces la influencia de Venus puede fluir en un espectáculo artístico al que puedes asistir en esos días. Y si te quedas en tu casa viendo la tele, es cuando hacen una programación divertida y amena que alegra tu aburrida vida.

Si tienes alguna conexión con el arte, es tiempo de asistir a alguna galería o alguna exposición, nada extraordinario pero un lugar alegre y estético.

Si eres estudiante y vas a la universidad, en esos días aparece alguna profesor/a u otra persona que te despierta la sensibilidad, y te llena la cabeza de pensamientos románticos.

Durante los días del tránsito de Venus por la Casa IX, es bastante normal que ocurran viajes agradables en los que se conoce a gente encantadora. En ese tiempo se asiste a algún tipo de espectáculos, congresos, exposiciones etc. En muchas ocasiones aprovechando el influjo de Venus en la IX, se inician cursos de aprendizajes agradables. El lugar donde uno trabaja se vuelve más agradable.

En muchas ocasiones se trata de un pequeño viaje en compañía agradable, en otras enlazan con la asistencia a un espectáculo, una proyección de cine o una sesión de tv al lado de personas queridas. En todos los casos el paso de Venus por esta Casa refleja alguna situación grata, o un encuentro agradable, y además no se descarta un posible viaje placentero, donde puede conocer personas, artistas, alegres o con un atractivo especial, propio de la influencia de Venus.

12.04 Mercurio transitando por la Casa IX

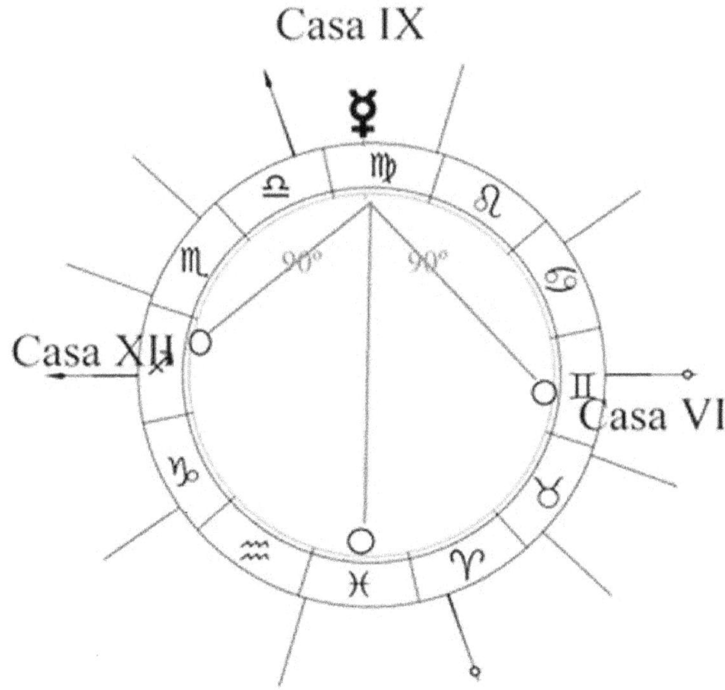

Con el tránsito de Mercurio por la Casa IX, siempre se pueden esperar noticias de algunos de los personajes propios de esta Casa, o en los lugares relacionados con este sector. Aunque lo más normal es que se reciban noticias en el lugar de trabajo, noticias o informes que pueden se agradables o desagradables, dependiendo de los aspectos que forme Mercurio al pasar.

Si Mercurio forma cuadraturas con algún planeta de la Casa VI son informes negativos, los cuales obligan a repetir un trabajo o a esforzase más en un asunto.

Si tienes planetas en la Casa III, el escenario de los compañeros de trabajo, entonces, con el paso de Mercurio por la Casa IX, te puedes ver obligado a realizar alguna tarea que te sujeta a otra persona, colaborando, compartiendo espacio y tarea, y eso puede ser agradable o no dependiendo de los planetas que tengas en la III, lo cual es lo mismo que decir: depende de cuales compañeros o colegas tengas.

Si tienes planetas "malajes" en la Casa VI o XII, en esos días tendrás la oportunidad de notar como ciertas personas contrarrestan tu esfuerzo y hablan mal de ti, o directamente discuten contigo.

En esas semanas que dura el tránsito de Mercurio por la Casa IX, suele ocurrir algún pequeño suceso que amplía la información sobre el mundo, las personas o lugares, a veces simplemente es la compra un de libro, revista o similar que te hace aprender algo nuevo. Son días de recibir correos o notificaciones del tipo que sean, procedentes del extranjero o de los lugares relacionados con la IX.

Es posible la realización de un viaje para asistir a algún congreso, encuentro o espectáculo, o bien son días de asistir a la proyección de una buena película, o buenos programas informativos de tv. O todo junto.

12.05 Júpiter transitando por la Casa IX Júpiter en Casa IX

Imagínate un escenario donde se representan todas las cosas que ya conoces sobre la Casa IX, un lugar por donde asoman la cabeza todos los personajes propios de la Casa.

Cuando entra Júpiter en la Casa IX, procedente de la Casa VIII, después de haber realizado pagos, haber sufrido pérdidas y estar económicamente bajo en liquidez como efecto del paso de este mismo planeta por la VIII, se levanta el telón de la Casa novena.

Una de las primeras escenificaciones de Júpiter en la Casa IX puede ocurrir a través de asuntos legales, o relacionados con temas o personas extranjeras, una citación sobre un tema que nos incumbe y por el cual tenemos que dar contestación pidiendo justicia. Eso es algo que puede ocurrir de mil maneras, desde una reclamación de Pay Pal hasta un tema económico, el cual depende de la posición inicial de Júpiter que es el “promisor” y arrastra consigo el significado que tenía en la carta natal, y que en cada persona es diferente. El caso es al entrar Júpiter en la IX. Nos encontramos con personas de Júpiter, abogadas, letradas, administradores, o ejecutivos que se ponen en contacto contigo para resolver temas legales.

Hay que estar atento al escenario de la Casa, para ir observando cómo aparecen las personas que arrastran consigo la influencia de Júpiter. En ese tiempo aparecen delante de ti las personas que te pueden servir de guía, de modelo a seguir, de ejemplo. Claro que ese tipo de personajes que representan a Júpiter es muy diferente en cada uno de nosotros. Eso depende de la posición inicial de Júpiter, pues no es lo mismo tener a Júpiter en la Casa XI de nacimiento, la cual arrastra consigo el concepto de amigo, que otra persona que tenga a Júpiter en la XII, y entonces la persona no es un amigo sino un acreedor, un enemigo, o en el mejor de los casos un abogado defensor o un buen médico.

De un modo u otro al poco de entrar Júpiter en la Casa IX, aparece alguien a realizar una oferta tentadora en el ámbito que sea, espiritual, cultural, económica o laboral. Otra cosa es el modo en que recibas tal "tentación".

Si tienes planetas afortunados en la Casa V, el escenario de las inversiones, el tránsito de Júpiter se escenificará en forma de una persona extranjera que te ofrece un negocio, o cualquier otro asunto ventajoso que es toda una tentación.

Cuando Júpiter transita por la Casa IX, las oportunidades vienen de afuera, de lejos, del extranjero, por eso para muchas personas puede significar largos viajes o estancias en el extranjero, mientras que para otros tan solo son tratos o relaciones profesionales con extranjeros, trabajos relacionados con turismo o con gentes de otros países o regiones.

En algunos casos, es el año en el que hace aparición un personaje importante que causará profunda admiración como puede ser un buen maestro, un guía espiritual o filosófico. También puede tratarse del inicio de una nueva profesión, la ampliación o el traslado del lugar de trabajo, a otro sitio, más satisfactorio o más acorde contigo. Siempre se pueden esperar mejoras, ampliaciones o cambios agradables en el medio laboral, o bien desplazamientos para realizar cursos, o asistir a espectáculos en otros lugares.

Durante este tiempo que suele durar el tránsito de Júpiter por la Casa IX se acostumbra trabajar con algún forastero o para personas de otras comunidades.

12.06 Saturno transitando por la Casa IX

Cuando el planeta Saturno entra en la Casa, deja notar su influencia casi de inmediato. Lo primero que se nota es que vas a trabajar a un lugar nuevo donde hay un jefe, un lugar donde se trabaja a las órdenes de una sola persona y se siguen horarios bastante estrictos. El modo en el que eso ocurra a cada uno es variopinto, pero siempre que se abre el telón de la Casa IX, para dejar entrar a Saturno, se nota la presencia de una autoridad allí donde desempeñas tu trabajo.

Para algunos significa ser recibido en el lugar del trabajo como una autoridad, un erudito, una persona que tiene maestría sobre una materia. Para otros significa recibir un título después de muchos años de estudio, un diploma, una condecoración por méritos de erudición. Y a veces las tres cosas durante los dos años que dura el tránsito de Saturno por la IX.

Una vez que entra Saturno en el escenario de la Casa IX, aparecen actores morenitos, o directamente negros, o si son europeos, de piel y pelo oscuro y cuerpo enjuto, nacidos en comunidades o países donde hay mucha pobreza. Este tipo de personajes suele aparecer en nuestra vida, después de unos años de pura ruina a causa del paso de Saturno por la VIII. Pueden aparecer en formato personas extranjeras de países no muy desarrollados, o de comunidades pobres. Personas que se han esforzado mucho para estar en ese lugar, ya sea el jefe del lugar de trabajo, o las personas que acudan a aprender de tus maestrías.

Los viajes que te proponen en esos años te llevan a países en desarrollo, donde hay más personas pobres que ricas, y apenas se nota la existencia de una clase media. Y si no viajas es tiempo de tener encuentros con personas procedentes de esos países, para mantener las más diversas actividades.

He conocido un caso en que la hermana se fue de viaje a Cuba y se volvió a casa con un "cuñado" bien moreno. En otro caso ha sido, al contrario, el hermano se ha ido a Brasil y ha vuelto a casa con una "cuñada" bien morenita, así son las cosas de Saturno cuando pasa por la Casa IX.

Conviene pensar que durante el periodo en que Saturno atraviesa la Casa IX, un tiempo que suele durar más de dos años, casi siempre acostumbra producirse un viaje a un lugar desconocido y encuentros con personajes importantes, maestros serios y respetados o individuos que causarán fuerte impresión y atención. Y también puede escenificarse el modo en que tú eres el maestro/a, el cual acude a un lugar desconocido y menos rico que tu país, donde vas a mostrar tu sapiencia, tu maestría, tus conocimientos eruditos, si los tienes, si no, te puedes ir a parar a un país montañoso con un frío que pela, y tú a allí más sólo/a que un hongo entre cuatro paredes.

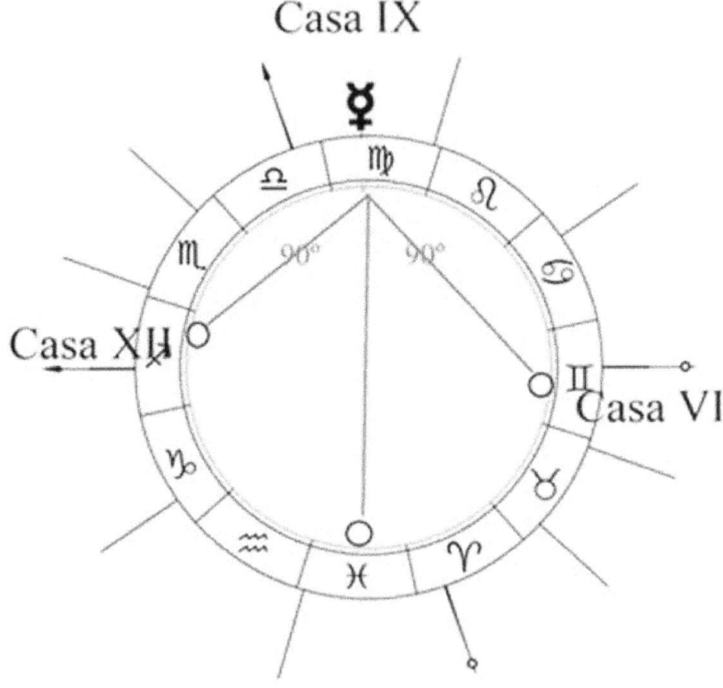

Si tienes planetas en Casa XII, es normal que en algún momento del tránsito de Saturno por la Casa IX, forme un aspecto de cuadratura con el planeta de la XII, y eso se suele escenificar en formato hotel cutre, mal alojamiento durante un viaje, pasar más frío que los perritos pequeños, o lo que es peor, tener que residir durante unos días en un lugar muy alto, o con muchas escaleras, con riesgo de caídas y torceduras de tobillo o cosas peores.

Mientras circula Saturno por la Casa IX es normal que ocurran algunos desplazamientos problemáticos, demasiado pesados o con inconvenientes con algunos de los compañeros de viaje. En los peores casos se realizan estancias en lugares exóticos pero sumidos en la pobreza. No es raro que se visiten países tercermundistas, y aparezcan ante la vista las situaciones más penosas, o miserables que puede una persona ver a lo largo de su vida. En unos casos como en otros, siempre se tratará de viajes inolvidables en los que no se pueden descartar los robos, y las penalidades que esto conlleva cuando sucede en países extranjeros.

En otro sentido, los estudios o ciertas experiencias suponen una carga adicional difícil de llevar, o el lugar de trabajo se vuelve frío, pesado o aplastante a causa de la aparición de los citados jefes, los cuales son personajes demasiado severos.

La influencia del tránsito de Saturno por la Casa IX, es como un camión que pasa por una calzada mojada, y cuando pilla un charco salpica de muchas maneras. Puede notarse en forma de que tu portero/a se ha hecho viejo/a y va a jubilarse, o que el párroco de tu iglesia donde te casaron se ha jubilado ya, o está muy viejito, o uno de los maestros más importantes de tu vida se ha hecho igualmente viejito/a, y si tienes un juicio por algo y tengas algún planeta en la Casa XII, donde Saturno tenga donde agarrarse de cuadratura, entonces el juez viejito te va a meter una sanción que te vas a quedar helado/a. ¿Ves por qué es malo tener planetas en la XII?

¿Tiene algo de bueno el paso de Saturno por la Casa IX? Claro que sí, igual que en una sesión de yoga con maestro/a severo/a. Te pone a hacer una posturita que llaman asana, te retuerces el cuerpo hasta que te duelen las pestañas, y el tío te dice; "aguanten" ahí y respiren... y tú retorcido, que ya no aguantas más la dichosa posturita, hasta que el maestro te dice: "Relax". Entonces te tumbas en la alfombrilla y por unos segundos piensas "por fin" ya me he liberado de la dichosa posturita. Así se nota la salida de Saturno de la Casa IX, eso es lo que tiene de bueno.

12.07 Urano transitando por la Casa IX

Se levanta el telón de la Casa IX y entra en tránsito el planeta Urano, y si fueras ciego podrías enterarte de lo que está pasando por el alboroto de la gente, en un lugar muy amplio donde caben muchos, un sitio donde escuchas hablar en varios idiomas y de momento suena la megafonía: "Vuelo Iberia 747 con destino a Pernambuco, embarque por puerta número 73." Ya sabes dónde estás, lo que no sabemos es si te vas a subir en un avión, o es que esperas a alguien que viene en un avión. De un modo u otro se inicia una larga temporada de unos siete años, en los cuales esta escena se repetirá con cierta frecuencia.

En el tiempo del tránsito de Urano por la Casa IX, se pueden esperar grandes cambios en el lugar de trabajo, en unos casos se trabaja en un lugar del extranjero, bien de manera física o bien en forma virtual.

Los lugares donde se trabaja o se estudia, y todas las personas relacionadas con el emplazamiento laboral quedan inestables durante mucho tiempo, suelen sufrirse toda clase de alteraciones que obligan a realizar nuevas experiencias, o diferentes itinerarios. Para muchos significa transformar o redirigir lo hasta ahora aprendido, para otros indica desarrollar nuevas habilidades para poderse adaptar los nuevos tiempos, y progresar hacia originales metas profesionales.

Por otro lado, se pueden esperar situaciones en las que se facilitará, de manera imprevista, la realización de largos viajes hacia lugares desconocidos. Para algunos es irse a vivir a una localidad distante del lugar natal, son viajes generalmente en solitario, en ocasiones parte de este viaje se hace en compañía de un viejo amigo. En general los viajes de la Casa IX son viajes en solitario, individuales, no grupales. A veces puedes ir a un viaje por avión acompañado de un cuñado o cuñada, o cuando ya eres mayor, en compañía de un nieto, o a ver al nieto.

El tránsito de Urano por la Casa IX coincide con la aparición de los maestros adecuados, para aprender sobre nuevas tecnologías: psicología, astrología o similar. Es cuando te compras por primera vez un libro de astrología de un autor extranjero, y si el autor es bueno quedas enganchado a la astrología de por vida, y si es malo entonces de ahí viene tu rechazo a estudiar verdadera astrología.

12.08 Neptuno transitando por la Casa IX

La entrada de Neptuno en la Casa IX puede tener numerosas escenificaciones, pero en todas ellas nos lleva a vivir una nueva experiencia en la que nos vemos involucrados en una comunidad, una sociedad o un grupo.

Tú vives tu vida con tranquilidad, dedicado a a tus cosas, con tus fantasías e ilusiones, y viene un día y entra Neptuno en el escenario de la Casa IX. Se cierra el telón, se levanta el telón y estás en un lugar que no es tu casa, rodeado de un grupo de personas que son semejantes a ti en algo, ya sea en edad o cualquier tipo de afinidad.

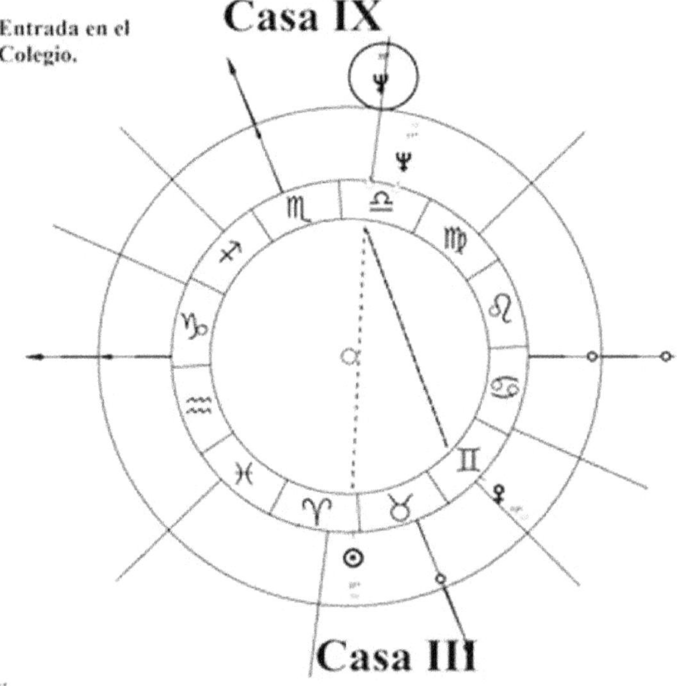

En mi experiencia personal, el planeta Neptuno entró en mi Casa IX al poco tiempo de cumplir los cuatro años. Neptuno en Libra “dispositado”, es decir, a las órdenes del planeta Venus, si combinamos la Casa IX, Neptuno y Venus, sale en escena un colegio de las Monjas Carmelitas, el primer centro de educación colectiva que pisé. En ese colegio, las monjitas con sus cofias blancas fuertemente almidonadas parecían cachirulos volantes, me inflaban a pellizcos. En ese tiempo que pasa Neptuno por la Casa IX aprendes a rezar en grupo, acabas por rezar el rosario y la sabatina. Es el tiempo de enterarte sobre la religión, imbuirte en la música, integrarte en un grupo de yoga, ingresar en la universidad o estudiar sobre cosas misteriosas o secretas.

Donde va Neptuno hay un grupo de personas rezando, o bien hay un grupo de personas cantando o tocando música. En el fondo hacen lo mismo, unos se pueden dirigir a Dios cantando y otros rezando, y mejor si se acompaña de música, esa es una rutina común en todas las religiones, luego es una de las cosas más verdaderas de la religión: "a Dios se le habla cantando"...

Ahí viene un grupo de personas con la cabeza rapada, cubiertos de túnicas naranjas, cantando, bailando y haciendo sonar sus tambores y sus estridentes instrumentos musicales. Están hablando, alabando a Dios.

En el coro de la Abadía hay un grupo de monjes gregorianos, cantando en coro. Están hablando, alabando a Dios.

Un grupo de sufíes sentados realizando su ejercicio espiritual, cantando dirks, citas de Dios, acompañados de música y danza. Están hablando, alabando a Dios.

Y de este modo la influencia de Neptuno fluye de la mejor manera. Durante el tránsito de Neptuno por la Casa IX, tenemos que adaptarnos a las creencias religiosas del mundo que nos ha tocado vivir. De no adoptar ninguna creencia religiosa, es entonces cuando uno se adhiere a alguna ideología socialista.

Conviene recordar que la influencia combinada de Neptuno y la Casa IX, tiene mucho que ver con las inclinaciones religiosas o políticas. Política y religión son temas de Neptuno en IX. Ambas cosas no tendrían posibilidad de existir fuera de un colectivo, de una agrupación de personas, ambas son el resultado del pensamiento colectivo, en el escenario de las creencias que es la Casa IX.

Además de las alteraciones causadas por los asuntos políticos, los cuales incluyen engaños, estafas o desilusiones causados por algún cuñado, o con la familia política al completo. Y las alteraciones originadas por temas religiosos, durante estos años, en el lugar de trabajo, se sufre una profunda transformación. Al principio pueden llegar a producirse situaciones en las que se viven experiencias de deslealtad, desilusión o desengaños, o que se realicen trabajos que no transcienden o no tienen el reconocimiento esperado; a causa de ello se suelen padecer serias decepciones que llevan a etapas de desaliento, o desmoralización. Eso ocurre con más frecuencia en las personas que tienen planetas en las Casas III, VI ó XII, porque Neptuno pasando por la Casa IX formará en algún momento un mal aspecto con ellos, de tal manera que puede fluir por diferentes cauces, pero siempre dando como resultado la sensación de haber sido engañados.

Lo bueno de estas situaciones es que empujan a la reforma, o la innovación, y en muchos casos permite transformar el mundo laboral y cambiar las metas en la vida.

En otro sentido, el tránsito de Neptuno por la Casa IX induce a realizar peregrinaciones, como hacer el Camino de Santiago, o hacer la Ruta de los Huicholes, siempre aparece un grupo que te dice que se van de peregrinación a Lourdes (por ejemplo), y que si quieres venir que subas al autobús o al avión. Neptuno refleja viajes largos que atraviesan los mares, o al menos algún rio.

A Neptuno le ocurre igual que a sus hermanos Júpiter y Plutón, los cuales son muy sensibles a los malos aspectos. Si en tu carta de nacimiento hay planetas en las Casas III, VI ó XII, como he dicho antes, Neptuno formará malos aspectos, y si eso ocurre durante un viaje están garantizadas las decepciones por exceso de ilusión, nadie tiene culpa de nada, aunque a veces hay compañeros de viaje que ayudan mucho a hacerlo desagradable. En casos extremos, cuando en la carta natal hay malos planetas en la XII, podría ocurrir que durante uno de esos viajes al asrham o a cualquier centro espiritual, o encuentro colectivo con los camaradas del partido, resultarás intoxicado por algún alimento en mal estado; también se pueden producir alteraciones en la conciencia, de la más variada índole, durante esos viajes.

12.09 Plutón transitando por la Casa IX

Plutón trae consigo un cartelito que pone "The End", "Fin", y va buscando un lugar, un asunto o una persona donde colgarlo, o ponerlo. De un modo u otro es el final del lugar donde uno trabajaba. En ese tiempo se cierran todas las puertas de trabajo, sobre todo si tienes planetas en la Casa VI con las que Plutón va a formar cuadraturas, las cuales contrarrestan todo tipo de esfuerzo laboral. Y si tienes planetas en Casa XII Plutón formará igualmente cuadraturas, y su influencia puede ser peor, dejándote sin empresa y con deudas impagables.

Si el trastorno que causa la influencia del tránsito de Plutón por la Casa IX te agarra bien, es cuando decides poner fin al modo de vida que habías llevado hasta ese momento, es cuando tomas conciencia de que toda la naturaleza, árboles, plantas, animales, insectos y el agua forman parte de ti mismo/a. Plutón te hace descubrir que nosotros y la naturaleza formamos una unidad, que somos un mismo ser. Se puede llegar a esta "sensación", porque la Casa IX tiene un contenido de impresión, como la que te hace sentir la música. El tránsito de Plutón por esta Casa propicia el encuentro con personas, guías o maestros que ayudan a que esa ampliación de conciencia ocurra, del modo que sea, incluyendo la ingesta de plantas enteógenas o directamente LSD, íntimamente relacionado con Plutón, por lo pequeña que es la pastilla y los enormes efectos que produce.

Plutón puede salir de escena de la Casa IX en formato chaman, el cual viene de un país exótico a mostrarte su maestría sanadora para que aprendas a sanar, y a mejorar tu vida en el sentido que sea.

El tránsito de Plutón por la Casa IX, al igual que el resto de los planetas induce a viajar, lo que ocurre es que los viajes inducidos por Plutón suelen ser tremendos, extremados. En mi caso agarre el Fiat1, con la familia completa, en pleno mes de agosto y nos fuimos al desierto del sur de Marruecos para regresar por Marraquech, donde nos hospedamos en un hotelito en plena plaza de la Jemaa. Hacía un calor horrible, me ponía una toalla mojada en la cabeza para superar el calor, por la noche no podía dormir, y al acercarme al lavabo para humedecer la toalla noté que el espejo se movía, lo levante un poco y salieron decenas de cucarachas negras, que se esparcieron por toda habitación. Eso es puro Plutón aterrorizador, no le doy a nadie a pasar una situación como esa.

La parte buena, que también la tiene, es que a lo largo de unos años aumenta la energía mental y también la atracción, hacia las actividades abstractas como pintar, hacer teatro, etc.

Durante los largos años que dura el tránsito de Plutón por la Casa IX, se experimenta algún tipo de aprendizaje o experiencia de tipo superior o poco usual. Igualmente son los años en los que se pueden realizar los más largos viajes hacia lugares exóticos, o no habituales en las rutas turísticas. También sincroniza con la aparición de personajes admirables, los cuales muchas veces se adoptan como maestros. Pero, por otro lado es una época en la que el lugar de trabajo se transforma en un infierno insoportable, o se debe abandonar. Para muchas personas es el tiempo de retirase de su empresa, para otros supone el despido o la pérdida del puesto de trabajo. En el mejor de los casos se trata de un tiempo en el que se aumenta de poder por los conocimientos o las experiencias adquiridas.

Parte 13

13.0 Los tránsitos de los planetas por la Casa X.

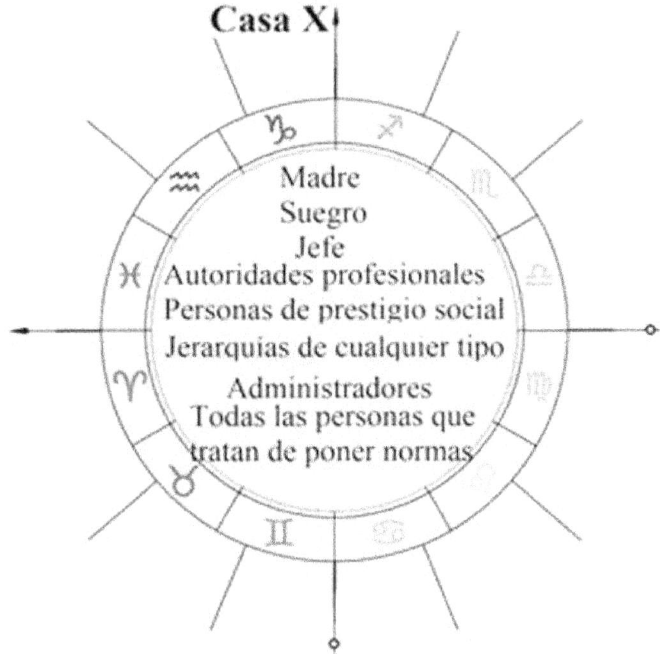

13.01 Casa X

El escenario de la Casa X es algo así como el escaparate de tu negocio personal, donde pones todas aquellas cosas que quieres mostrar públicamente, para que se vea lo profesional que eres, las obras que tienes disponibles para ofrecer, o cualquier cosa que muestre tus capacidades o conocimientos.

Cada vez que ocurre el tránsito de un planeta por la Casa X tenemos algo nuevo que ofrecer, o que mostrar públicamente; es como cuando sacas algo en Facebook y esperas que te pongan un "like".Todo lo que va ocurriendo en el escenario de la Casa X, sucede en la vida pública, y afecta directamente al reconocimiento social en sentido positivo, y también lo contrario.

Para entender bien el funcionamiento de los tránsitos por la Casa X, conviene recordar el concepto de "promisor". El planeta que realiza el tránsito, el que se mueve en el cielo, ese es el "promisor", el que promete algo que va a mostrar públicamente cuando el planeta llegue a la Casa X.

Un planeta que en la carta natal se localice en la Casa XII, formando malos aspectos, promete revelar secretos que pueden dañar la imagen de quien los tiene, pues posee un guion, el cual se escenifica en modo de otra persona que te conoce bien y sabe tus secretos, los cuenta públicamente y mucha gente se entera de algo tuyo, lo cual no deberían saber. Así deja notar su influencia un planeta mal dispuesto, que proceda de la casa XII, por eso la Casa XII tiene tan mala fama.

Mientras que un buen planeta en la Casa II "promete" algún tipo de riqueza, y se escenifica de manera que cuando el planeta por venir de la Casa II llega a la Casa X, se experimenta un aumento de la reputación profesional, porque públicamente gana dinero o tiene más beneficios. Y así cada planeta arrastra su significado adquirido en la carta natal, y lo traslada en sus tránsitos y eso es algo que se nota mucho cuando pasan por la Casa X.

Si no tienes nada importante que mostrar públicamente, o no tienes ningún cargo ni empleo honorífico, entonces viene otra persona que va y se coloca en ese lugar "dominante" del teatro de tu vida. De hecho en la primera parte de la vida, en la niñez, la madre ocupa todo ese escenario y cuando te muestran al mundo, vas en los brazos de tu madre o agarradito de su mano.

Si no tienes tu propia empresa y trabajas para otra persona, o eres funcionario del Estado, los tránsitos de la Casa X, son como acequia de riego que lleva la mayor parte del agua al bancal de la persona que nace de tu jefe, tanto los buenos como los malos. Por ello conviene saber que la influencia astrológica de los tránsitos planetarios por la Casa X, se pueden desviar y fluir a través de otras personas del entorno, las cuales se hacen "las jefas" del asunto, y tu quedas en un segundo plano, como ocurre cuando asistes a un acto social en compañía de tu madre, o de tu suegra, que te obligan a mantener un "perfil bajo" para que la señora no te mire mal. Cuando asistes a cualquier encuentro social donde, allí, está tu jefe o alguien a quién tu consideras que tiene alguna autoridad sobre ti, también te ves obligado a asumir un "perfil bajo" y dejarlos, a ellos, que estén por encima de ti.

El escenario de la Casa X es donde tú deberías ser el protagonista, pero en función de tus dependencias y de tu "índice de destino", buena parte de la influencia astrológica que afecta a la Casa X, se escenifica a través de otras personas de nuestro entorno inmediato.

13.02 El tránsito de Marte por Casa X

Cuando el tránsito de Marte llega a la Casa X, y en ocasiones acabamos de llegar de un viaje y nos incorporamos de nuevo a nuestro trabajo, si lo tienes, y entonces te encuentras con tu jefe con aspecto de malhumorado, el cual te mira con cara de cierta ironía y te pregunta: ¿Qué, te lo has pasado bien? Aquí tenemos el trabajo amontonado.

Y si no tienes jefe e igualmente te ha dado por irte de viaje, cuando regresas a tu hogar te encuentras a tu madre con cara malhumorada, la cual te mira con la misma cara de ironía que te miraría tu jefe y te dice: ¿Qué, te lo has pasado bien? Pues yo aquí en casa sufriendo por ti.

Si eres profesional de lo que sea, la entrada de Marte en la Casa X, suele venir acompañada de un aumento notable de la actividad profesional. Hay unos días en lo que se te amontona el trabajo y puedes llegar a sentir un poco de agobio.

De un modo u otro durante algunas semanas, la imagen social que te proyectamos, ante los demás, presenta un aspecto más agresivo o más activo que de costumbre.

Por otro lado, mientras dura este tránsito de Marte por la Casa X, es una época en la que estamos más a la defensiva, o compitiendo abiertamente con los demás.

Casi siempre se puede esperar una mejora o una mayor actividad profesional, se empeña uno con mayor fuerza en sacar adelante los asuntos que nos competen.

Mientras dura el tránsito de Marte por esta Casa, que en ocasiones puede permanecer hasta siete meses, coinciden con etapas de mucha actividad profesional o de mucho ajetreo en el hogar. En todos los casos indica cambios de objetos y esfuerzo físico bastante notable. Si Marte forma un epiciclo incluso puede haber obras en la parte alta de la vivienda, techos, altillos buhardillas o tejados.

En alguno de los tránsitos de Marte por la Casa X, cuando haya otras disposiciones que así lo señalen, podemos encontrarnos con escenas de un disgusto familiar o un desencuentro con el jefe, por decirlo de una manera suave. Sea como fuere, mientras dura el tránsito de Marte por la X parece que estamos más a la defensiva, o directamente compitiendo con los demás. Es posible que estemos tranquilos, pero los demás nos ven ir como motos y algo alterados.

13.03 Venus transitando por la Casa X

La influencia del tránsito de Venus por la Casa X se puede escenificar de muchas maneras. El escenario de la Casa X es un poco parecido a las fotos de perfil del Facebook, qué si te fijas, muchas mujeres en vez de ponerse su foto, suben como foto de perfil a su hija, y allí aparecen la señora con su niña para decir: "miren ustedes que mona es mi niña, yo también era así de guapita".

Y es que cuando llega el tránsito de Venus a la Casa X, el Guionista te dice: ¡Venga! Ponte guapa/o que hay que salir de bonito para no se sabe bien qué. Y te miras y dices ¿De dónde me saco yo algo mío bonito, con estos pelos que llevo? ¡Ah! Ya sé, sacaré a mi hija que es bien guapa.

Yo mismo hace un par de años lo pase fatal, porque me llegaba el tránsito de Venus por la X y tenía un aspecto nada bonito, con la cara de siempre y hasta con cara de un poco más viejo. Menos mal que el Guionista lo tiene todo previsto y esos días tuve un encuentro con mi hijo mayor y mi nieta Sara, la cual es la nieta más guapa de todas las nietas. Y hay del abuelo o abuela que piense de otra manera de sus nietos.

Si eres artista, estilista, decorador, músico, del mundo de la moda o d suelen ocurrir actos, exposiciones o encuentros en los que podrás mostrar tu capacidad artística, tu gracia, tu belleza o la belleza que has sido capaz de crear. Durante unos días se sobresale como ser "vedette" por unas horas y si tú no puedes serlo, entonces viene otra persona y ocupa tu lugar, tú te lo pierdes. Aunque siempre podrá mejorar tu imagen social.

El paso del planeta Venus por la Casa X suele coincidir con sucesos favorables, los cuales producen la sensación de tener éxito con la gente. En esos días resulta fácil manifestar o mostrar, abiertamente, las habilidades personales. Son días o momentos en los que caemos en gracia y se nota un cierto apoyo de los demás, sobre todo de las mujeres y de las personas con sensibilidad artística.

En el ámbito personal la madre está más simpática y el patrón o el jefe también. En algún momento del tránsito de Venus por X, seguramente te van a invitar a una fiesta o celebración, y conviene que vayas a la peluquería a que te arreglen un poco porque vas a salir en una foto de Facebook, así que es mejor prepararse e ir bien vestido, porque son días que afectan a tu imagen social.

13.04 Mercurio transitando por la Casa X

La influencia de los tránsitos de Mercurio es muy variable y puede fluir de muchas maneras. Si eres profesional, cuando pasa Mercurio por la Casa X es cuando salen a escena, y son de conocimiento público, los buenos o malos negocios de los últimos meses. Si eres funcionario o trabajador por cuenta ajena, es el mes en el cual hay que preparar balances, arqueo de caja, recuentos, inventarios o cosas por el estilo.

Si eres "liberto", es decir, no estás sujeto a la esclavitud de un trabajo seguro y remunerado, entonces cuando pasa Mercurio por tu Casa X es tiempo de mostrar la capacidad negociadora que tienes, son días en los que se nos ve trapicheando cosas, comprando o vendiendo, negociando o bien realizando un pequeño desplazamiento profesional, a causa de un hijo si lo tuvieras.

Los que tienen hijos, son días en los que ellos adquieren mayor protagonismo por las más diversas circunstancias. Si Mercurio forma buenos aspectos, serán motivos de alegría o satisfacción pero si es al contrario, cuando Mercurio va formando malos aspectos, son disgustos y sinsabores que nos causan los hijos.

En general, mientras dura el tránsito de Mercurio por la Casa X, es tiempo de recibir correspondencia comercial o de asuntos de negocios.

13.05 Júpiter transitando por la Casa X

Si la vida fuera un teatro, el papel de quien representa al planeta Júpiter, es el papel de Zeus, de deus, de divo o de diva, el que lleva la voz cantante, el que tiene que levantar el tono de su voz para que lo escuchen los demás. Quizás por eso las mujeres nacidas con el Sol en Sagitario "dispositado" o a las órdenes de Júpiter, tienen esa voz tan fuerte y en cualquier lugar se les puede reconocer, precisamente por el timbre de su voz. Llega el tránsito de Júpiter a la Casa X y te toca salir a escena y mostrar lo que tú tienes de divo/a, de admirable o bien de extranjero. Lo más fácil es realizar un viaje por cuestiones profesionales, y aparecer en algún momento con el papel de extranjero, donde el extranjero eres tú, eso es hacer el papel de Júpiter.

Que no hay viaje ni extranjero, entonces tu jefe se va de viaje y cuando vuelve notas que está más morenito y se le ve satisfecho y con cara de turista, y si no, es tu madre la que se va de viaje y vuelve con cara de buena.

A lo largo de este año del tránsito de Júpiter por la Casa X, suelen aparecer nuevas oportunidades profesionales, mejoras sociales o nuevas competencias o cargos de mayor relevancia, o más importantes. Casi siempre se coincide con una recuperación de la imagen social.

Y siempre existe la posibilidad de realizar viajes al exterior en la que uno aparece como extranjero, forastero o persona ilustrada.

Las relaciones sociales o el estatus social en ese año deben ser de mayor escala y suelen resultar más rentables que en años anteriores. Es el tiempo en el que aparecen relaciones con personas importantes o que uno se siente más importante, normalmente se produce un incremento de reconocimiento o del prestigio social.

En algunos casos se produce un cambio de residencia o unas mejoras notables. En otros casos significa un cambio social que puede significar pasar de soltero a casado o viceversa. En las mujeres puede coincidir con el año del matrimonio o la separación, la que se vivirá como una liberación. En todos los casos es una recuperación de la imagen social. Júpiter influye de modo que se recibe un mayor reconocimiento profesional, y aumentan las relaciones sociales de alta escala.

En muchos casos se producen mejoras importantes en el hogar, o en el negocio familiar.

Según la tradición pueden obtenerse cargos confidenciales, honorables, y lucrativos. Esta es una etapa de la vida en la que puede llegarnos la admiración de los demás, y la notoriedad social en nuestro campo profesional.

13.06 Saturno transitando por la Casa X

Al planeta Saturno le gusta pasar por este lugar alto de la carta del cielo, es como las cabras que se encuentran a gusto arriba, en lo alto. Cuando llega el tránsito de Saturno por La Casa X, si estás bien preparado, si te has formado profesionalmente con ahínco, esfuerzo y perseverancia, te llega el tiempo de ocupar un puesto social elevado, por encima de tus competidores, y si tienes planetas en las Casas VI ó II, te llueven las oportunidades profesionales o sociales, si no es así, la cosa se puede complicar.

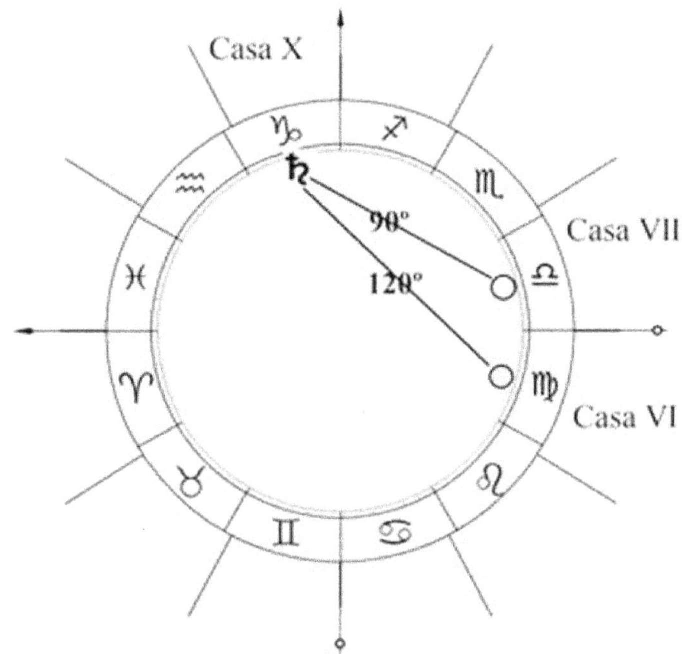

Si Saturno va formando malos aspectos, puede coincidir con la ruptura de contratos profesionales, abandono de un lugar y un cierto desamparo como el que pueden sentir los inmigrantes pobres. Y es que Saturno, al igual que el resto de los planetas, es muy sensible a los malos aspectos y si tienes planetas en la Casa VII, es tiempo de rupturas y conflictos serios con la pareja y con los colaboradores.

El paso de Saturno por el M.C y su entrada en la Casa X, suele reflejarse en un cambio social, es el momento de demostrar lo que se sabe, lo que se ha aprendido, o tiempo de llevar a la práctica el resultado de las experiencias de años anteriores. Durante este periodo, que suele durar unos dos años, se ponen a prueba todas las aptitudes personales, suele coincidir con la época de prueba social o profesional, es también un tiempo de crisis o de rectificación de profesión o de posición social. De soltero a casado, de casado a separado o viudo, de parado a empleado o viceversa, etc.

En muchos casos es cuando se producen mudanzas o cambios de domicilio presionados por el ambiente, por personas del entorno o por necesidades profesionales. Casi siempre suelen surgir problemas de estatus o de tipo profesional, la función social suele vivirse de manera poco gratificante, como un lastre que se debe sobrellevar. En otro sentido es posible que sientan la necesidad de restaurar viejas casas, con problemas y retrasos a causa de estas cuestiones.

13.07 Urano transitando por la Casa X

El paso del planeta Urano por la Casa X, viene a durar una media de siete años. Es un tránsito lento pero extremadamente revolucionario; después de pasar por el escenario de la Casa X, ya nunca más vuelven a ser las cosas como eran antes en el ámbito social o profesional. Durante esos siete años, suelen experimentarse toda una serie de cambios de rumbos en los objetivos sociales. Casi siempre se ven alteradas o frustradas ciertas metas, lo que obliga al cambio de dirección o de rumbo en la función social o profesional.

Una cosa es segura, el tránsito de Urano por la Casa X lo trastoca todo, le da la vuelta a todo, se produce un giro de 180 grados en las perspectivas profesionales o sociales. O cambias todo, o todo cambia, no hay forma de que los asuntos profesionales, sociales o familiares, se mantengan en calma.

Durante los años en que el planeta Urano está pasando por la Casa X, nos nace, no se sabe de dónde, una fuerte aspiración hacia la libertad profesional, ser libre de horarios y de estabulamientos laborales. Ya no queremos estar sujetos a horarios fijos y lugares de trabajo colectivos, y necesitamos liberarnos de todas las normas que nos sujeten a horarios y desplazamientos al lugar del trabajo. Para muchas personas es cuando logran trabajar de modo independiente haciendo uso de Internet, ese es el mejor canal de salida que se le puede dar al tránsito de Urano por la Casa X.

Aquellas personas que realizan un trabajo creativo: artistas, programadores, patronistas, diseñadores, inventores, publicistas, decoradores o ingenieros; esta es la época en la que hay oportunidad para mostrar las innovaciones realizadas o bien las nuevas creaciones.

Como ejemplo está el caso del famoso pintor español Salvador Dalí.

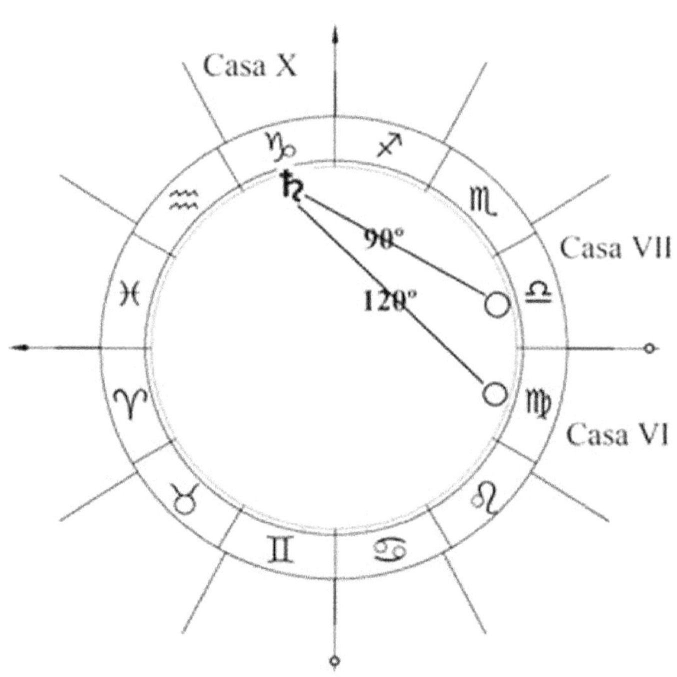

En el año 1931, cuando el tránsito de Urano junto al de Venus, transita sobre Júpiter en la Casa X, Salvador Dalí realizó su primera exposición "individual"; la influencia individualizadora de Urano se dejó notar en la Gallerie Pierre Colle de París donde expuso su sorprendente y original obra, el fruto de su trabajo. Se puede observar como en ese tiempo el planeta Urano que procede de la Casa VI, el trabajo, lo traslada a la Casa X, el "escaparate de la vida social". Si añadimos a Venus, que refleja al artista, quedan claros los sucesos que vivió este hombre (Dalí) en el año 1931, cuando también se desplazó a Nueva York para participar en la primera exposición surrealista en el Wadswoth Atheneum de Hartford.

Por eso, para la mayoría de los artistas activos, es el tiempo de aparecer ante el mundo como un artista original e inspirado, y llegar a ser famoso, pero en todos los casos con un toque de rebeldía, que no permite que acaben de integrarse con sus colegas profesionales, tal y como ocurrió con Salvador Dalí.

En los peores casos cuando no eres artista, ni creativo, se puede llegar a producir toda una serie de importantes alteraciones en el negocio profesional, o en los cargos que se desempeñan, y siempre se deberá evolucionar, cambiar o reordenar, en más de una ocasión, la vida profesional.

13.08 Neptuno transitando por la Casa X

El tránsito de Neptuno por la Casa X, es muy lento, y siempre permanece en la misma Casa más de diez años, dependiendo del tamaño de la Casa.

La influencia de Neptuno en la casa X te induce a formar pandillas, organizar grupos de lo que sea, en esa etapa de la vida. Sin tu grupo de música, o de amigos o de correligionarios no tienes imagen pública.

A mí me llegó con 17 años y aún tengo el recuerdo de verme formando pandilla, para reunir discos de música, comprar bebidas, y organizar fiestas (entonces no había discotecas). En esos años sin pandilla no eras nada, son los años locos por la música. Para que el grupo tuviera identidad propia me fui a unos almacenes y compré jerséis de color azul oscuro, de cuello cisne igual para todos, así formamos la famosa "Peña de los Pelucas", un escándalo en la época. Lo normal es que queden fotografías con colocón y fotos de borrachos, y si no de borrachos de alcohol, ebrios en grupo de cualquier cosa, todos disfrazados de algo que no te pondrías hoy para salir a la calle.

En otras edades más adultas podemos imaginar situaciones mucho más serias y trascendentes, pero sólo imaginar, porque detrás de la influencia de Neptuno siempre está el "colocón", la borrachera, ya sea de alcohol etílico o de política o de religión, Neptuno siempre está detrás de esas cosas que alteran la realidad.

Durante estos años del tránsito de Neptuno por la casa X, la imagen social sufre una importante trasformación, es cuando salimos al escenario del mundo mostrando un arte o un conocimiento nuevo, que genera un magnetismo especial y provoca un fuerte atractivo social.

Para muchos significa representar o liderar a un grupo de música, o de cualquier cosa, o bien ser portador de un ideal y manifestarlo públicamente.

Para otros, la misma influencia de Neptuno se puede escenificar de un modo mucho más discreto, y puede significar tener que ocultar algún tipo de relación, alteración de la conciencia o enfermedad.

Pese a todo el tiempo de Neptuno en la Casa X, es un periodo en el que resulta más fácil alcanzar cargos, o empleos de cierta responsabilidad.

Por otro lado, es posible que las relaciones familiares se vuelvan embarazosas, o que se produzcan transformaciones importantes en el estatus familiar. En el peor de los casos se puede enturbiar el reconocimiento social, a causa de malos entendidos o indiscreciones exageradas que perturban la imagen social.

Si vives en la costa es cuando empiezas a navegar, o los demás te ven navegando.

13.09 Plutón transitando por la Casa X

Cuando llega el tránsito de Plutón a la Casa X, no se le olvida traer su cartelito de “The End” “Fin”, se acabó lo que se daba, hasta aquí hemos llegado.

Si eres una persona que tiene negocio con socios, es normal que tengas planetas en la Casa VII, de tal maneta que cuando pasa Plutón por la Casa X, formará aspectos de cuadraturas con los planetas ubicados en la Casa VII, al de los socios, y eso significa rupturas, traiciones, daños y perjuicios causados por el socio, los cuales llevan al hundimiento y a la ruina el negocio compartido.

Si Plutón no forma malos aspectos, entonces, se puede escenificar como un tiempo en el cual se tiene algún tipo de poder en el ámbito social, o profesional. Y buenas oportunidades laborales si tienes planeta en la Casa VI, con los que Plutón formará trígonos en algún momento de su tránsito por esta Casa, o en los que se debe ejercer el poder que se tiene.

Suele señalar una época en las que el comportamiento con los demás llega a ser autoritario, en la medida del poder personal alcanzado.

Durante esos años no se asume la superioridad de nadie, es el tiempo en el que se aspira al poder en sentido abstracto, a que ninguna persona mande sobre uno. Para muchos supone el abandono de su mundo profesional y la retirada a la naturaleza, o a cualquier sustituto que suponga un alejamiento de las obligaciones terrenales. Se tiende a buscar un estatus lo suficientemente elevado como para eludir horarios y restricciones laborales o profesionales. A casi todos les suele pasar la idea de abandonar su mundo y crearse un nuevo estatus social autárquico, independiente o emancipado del resto de la sociedad.

Si te gusta la naturaleza, en esos años es cuando te da por hacer espeleología y te ven que vas por el monte buscando cuevas.

Parte 14

14.0 Los tránsitos de los planetas por la Casa XI

Personas de tu vida que salen a escena en Casa XI

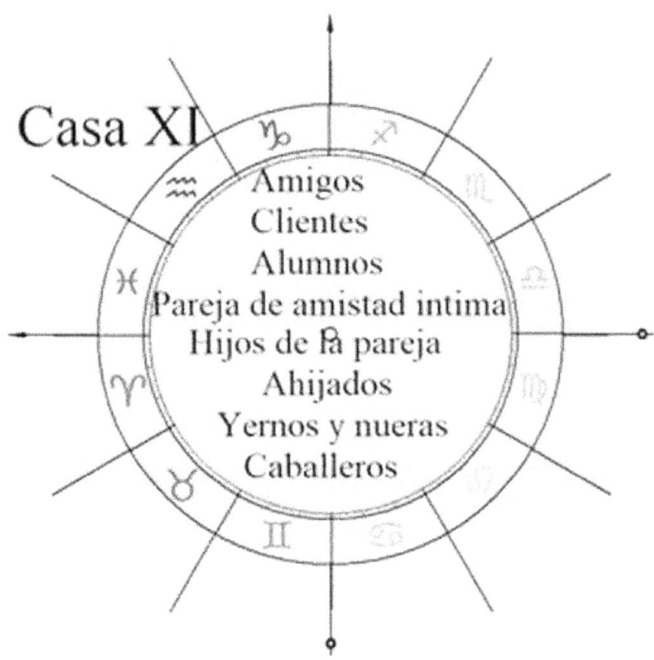

14.01 Casa XI

Al poco de cumplir los doce años, al terminar la Primaria, en tu colegio organizaron un pequeño viajecito de fin de semana en autobús con todos los compañeros de clase juntos, y si no fue así, puedes imaginártelo, que para el caso es lo mismo.

Subes al autobús y lo primero que buscas es al lado de quien sentarte, si puedes eliges sentarte al lado de un compañero con el que simpatizas más. Cuando llegas al lugar de destino y hay que compartir mesa y habitación, de modo inconsciente, pero con mucha intensidad decides al lado de quién sentarte o con quien compartir habitación. Durante la estancia o las actividades del viaje siempre hay alguna mala sombra que te fastidia o se forma un pequeño grupo que no te hacen ni puñetero caso, y quedan dos o tres compañeros con los cuales simpatizas, compartes mesa y habitación y en el regreso con el autobús os sentáis los tres o cuatro juntos. Acabas de hacer amigos para toda la vida, lo demás son colegas, compañeros de Casa III.

Para hacer el guion de tu película seriada, la Casa XI es un escenario repleto de fotogramas de viajes en compañía de otra u otras personas.

Esta es una de las claves para comprender lo que se puede ver reflejado en el sector del cielo de la Casa XI, una zona donde el planeta Júpiter tiene su Gozo, por eso esta casa y las personas que le son propias tienen una relación directa con los viajes, o el viajar junto a ellos o a causa de ellos.

Cuando hemos acabado la carrera o hemos terminado una maestría –ahora le llaman Máster- lo primero que hacemos es buscarnos un buen amigo para aplicar con el nuestra “maestría”, lo usamos como cliente a prueba, salvo que seas proctólogo o ginecólogo que ya son exploradores de cosas socialmente poco aceptables para experimentar con amigos. Ellos bondadosamente se prestan a casi todo, con ellos nos entrenamos para tratar con clientes.

Algunos amigos quedan enganchados con nuestra maestría, porque somos buenos peluqueros, o buenos odontólogos, o buenos profesionales de lo que sea. Si eres funcionario que cobra del erario público o trabajador por cuenta ajena eso no tiene porque ocurrir, entonces el flujo astrológico discurre por otros cauces.

Mira, ahí te veo viajando con tu ahijada, o con ahijado, o con tu yerno o tu nuera, o causa de alguno de ellos, y si no te veo hoy, te veré mañana. Y si no tienes, ni ahijados, ni yernos ni nueras, entonces te veo viajando con tus amigos cuando llegue el tránsito adecuado. Y si no es así, estás viajando para encontrarte con tus clientes o con un “caballero”, vaya usted a saber.

14.02 El tránsito de Marte por Casa XI

Cuando llega el tránsito de Marte a la Casa XI, se levanta el telón y aparece el "caballero rojo" de la película de tu serie en el escenario de los amigos, un papel que lo puede encarnar una persona que tenga sobre ti la suficiente influencia como para movilizarte, y convencerte para hacer un viaje u organizar una comida que parece muy estimulante. Si eres mujer, el estímulo es bastante elemental, no hace falta estudiar mucha astrología para imaginar las sanas intenciones del personaje que te induce a viajar en su compañía. No hay que hacerse extrañas ideas, un tránsito es como un autobús que pasa y tú estás en la parada, si quieres subes y si no, no. En los tránsitos tú capacidad de decisión es bastante importante.

Tampoco hay que pensar mal siempre, un tránsito de Marte por la XI se puede escenificar como que viene una amistad tuya, la cual es bastante deportista, viene o te llama para inducirte a hacer una viajecito, y tú vas y aceptas. Es posible no haya ningún intento de inducirte a realizar actividad sexual, pero al final del viaje te puedes encontrar igualmente jodido/a. Y sí que es un pájaro, si ya conocemos al amigo y sabemos de qué va, ¿Por qué nos dejamos arrastrar? Pues igual que cuando hay una riada y baja agua por la calle y tú quieres cruzar, la corriente se te lleva, aunque tú no quieras ir, así discurre la influencia de Marte cuando pasa por esta Casa. Ven que te invito a comer y luego ya veremos. Te dice una amistad. Y tú vas, eso son cosas de Marte por el escenario de la Casa XI.

Por eso es normal, que durante este periodo de tiempo, se organicen viajes al exterior en compañía de un grupo o de otras personas, donde la influencia de Marte se deja notar de manera que se acaba realizando un viaje o desplazamiento agotador, o por lo menos de donde se regresa muy cansado, y en el peor de los casos, harto de ciertos amigos que han impedido el descanso durante el viaje.

Por otro lado y al margen del "viajecito", la influencia del tránsito de Marte por la casa XI, se puede escenificar de modo que algún amigo adopte un comportamiento soez, brusco o agresivo.

Si por una de esas desgracias de la vida tienen un puntito de ludópata, cuando pasa Marte por la Casa XI es cuando tienes mayores probabilidades de perder en el juego. Y si inviertes en Bolsa, aunque tú te creas que eres el más listo de tu pueblo, cuando pasa Marte por tu Casa XI, lo que compres se viene a la baja y te quedas con el dinero enganchado a veces hasta un año.

Si no viajas con amigos, ni clientes, no juegas a nada, ni inviertes en nada, cuando llega la "lluvia" del tránsito de Marte a tu Casa XI busca otros cauces, y si tu pareja tiene algún hijo, Marte lo posee y a través de él te viene trabajo como tener que hacer de trasportista de la criatura, o viajar a causa de él o ella.

Que no sale por aquí, pues sale por allá, y si tienes hijos en edad apropiada, te aparece una persona con cara de pocos amigos que viene a comer a casa, la cual es la pareja de alguno de tus hijos. Más trabajo porque es más comida y encima tú quieres quedar bien por tu hija para que el chico vea que en esa casa se come bien. Más gastos y más esfuerzos a causa del "malage" de Marte que ha poseído al chico y ha venido a darte trabajo. Y más te vale que sea así, porque si no Marte buscará otros cauces para fluir.

14.03 Venus transitando por la Casa XI

El escenario de la Casa XI refleja los lugares abiertos, el espacio al aire libre, los sitios donde nos reunimos con amigos, clientes o personas que son de nuestro agrado para realizar viajes o celebrar ágapes, o comidas, o celebraciones de todo tipo. En esta parte de nuestro cielo astrológico, ocurren aquellas cosas que podemos considerar meritorias, las cuales nos hemos merecido o ganado en el sentido que sea.

Cuando llega Venus a la Casa XI nos hemos ganado un premio que puede venir en diferentes modos. Puede fluir en una comida agradable en compañía de buenos amigos, y también puede tomar otro cauce y es cuando recibes un pequeño premio del azar, por eso son buenos días para los ludópatas, en este tiempo tienen más probabilidades de ganar.

Las personas que se dedican a la economía no productiva, y arriesgan su dinero en la Bolsa de valores durante el tránsito de Venus por la XI, suelen obtener más beneficios o mayor rentabilidad.

Una de las maneras en las que se puede notar la influencia del tránsito de Venus por la Casa XI, es a través de un viaje muy agradable con amistades encantadoras o amigas de toda la vida.

Para algunas personas libres, es cuando pueden ocurrir encuentros de amor durante esos mismos viajes. Puede suceder que se reciba la visita de amistades queridas que nos alegran la vida, u organizar encuentros voluntarios que nos faciliten las relaciones sociales o afectivas, o encuentros agradables con los amigos. Posible viaje con amigos encantadores. Mejora la relación con clientes femeninos. Nueva clientela.

14.04 Mercurio transitando por la Casa XI

Como es de suponer el modo en que se escenifica la influencia del tránsito del planeta Mercurio por la Casa XI es muy variado. Si tienes hijos se puede esperar un pequeño viaje en compañía de varios de ellos, o bien salir a comer o a celebrar algo con alguno de los hijos. Si no tienes hijos, pero tienes hermanos, ocurre lo mismo, y si no tienes hijos ni hermanos, entonces la comida o el pequeño viaje suceden en compañía de tus compañeros de trabajo, o en compañía de tus colegas.

Mercurio también puede dejar su influencia a través de los mensajes o paquetería de todo tipo, es normal que esos días recibas más correspondencia que en otros meses, que te escriban amistades intelectuales o de asuntos de negocios.

Son días en los cuales se facilitan los intercambios o los trueques con amistades y también con clientes, por eso para los profesionales de cualquier tipo es el encuentro con un buen cliente, o para renovar la clientela con clientes jóvenes.

14.05 Júpiter transitando por la Casa XI

La influencia de un tránsito del planeta Júpiter no se refleja en una cosa puntual, o en un hecho definido, es como un viento cálido y suave que sopla en una dirección favorable para embarcarse. Otra cosa es que tú decidas hacerlo. Sucede que se dan las condiciones para poder realizar viajes que antes habías deseado hacer.

Para mí la última vez que paso Júpiter por la Casa XI me ha dejado recuerdos de viajes imborrables. Me fui a México a organizar mi primer Maratón y comencé a hacer nuevos amigos mexicanos. De ese año me queda el recuerdo del encuentro con los brujos de Teotihuacán, el Temazcal de San Martín de las Pirámides, al lado de la pirámide de la Luna, el viaje a Tolantongo y la visita con ritual al interior de la descomunal cueva que se considera como el sexo femenino de la madre tierra, un lugar donde experimente el renacimiento, un fenómeno que ahora no puedo explicar, pero que fue extraordinario y me sentí todo el tiempo acompañado y protegido de mis nuevos amigos mexicanos.

Viajar en compañía de nuevos amigos extranjeros, esa es la clave de los fotogramas del paso de Júpiter por la Casa XI.

Viajes o no, es un tiempo en el que se amplía considerablemente el número de amistades o de clientes.

Si tienes hijos o hijas es cuando hace aparición la pareja de uno de tus hijos. Cuando me paso Júpiter por la Casa XI, llegué una tarde a mi casa, abrí la puerta, entré en el salón, y en la butaca donde me siento, había un personaje vestido de negro con cadenas y muchas ferretería, con los pelos en forma de pincho, con la cara cuadrada semejante al monstruo Frankestein y unas botas negras con clavos en la punta y herradura en el talón. Durante unas décima de segundo quedé aturdido por aquella presencia, ¿quién será este tipo? El punki me miró, levantó su mano y me dijo: ¡Hurg! – Yo le dije Hola, y ahí quedó toda conversación, en ese momento bajó mi hija lo agarró de la mano y se acabó el susto. Y eso es así porque en el escenario de la Casa XI aparecen las parejas de los hijos.

A lo largo de este año se puede esperar un aumento importante del núcleo de amistades y un aumento de la popularidad. Se suelen conocer personas forasteras con la que se establece una nueva relación especial y gratificante. Para los profesionales, señala un incremento de clientes o una mayor rentabilidad a causa de una mejoría en la clientela. Se pueden esperar viajes en grupo hacia lugares admirables o para asistir a congresos, espectáculos o similar. Casi siempre se reciben ayudas que podrían considerarse providenciales, las amistades son las más adecuadas y su relación es mucho más favorable que en otros tiempos. Es una época en la que aparecen nuevos anhelos y nuevas esperanzas, es cuando se vive la sensación de tener algún privilegio gracias a ciertas amistades o a buenos clientes. Aumento de la popularidad. La tradición habla de aparición de amigos joviales y de posición cómoda, ganancias a través de éstos, relaciones por medio de personalidades oficiales o de la Ley.

Posibilidad de viajar en compañía o al encuentro de personas de prestigio.

14.06 Saturno transitando por la Casa XI

La influencia del tránsito de Saturno a lo largo de los más de dos años que suele durar su paso por la Casa XI, se nota de muchas maneras. Ya sabemos que Saturno reduce, retrae, disminuye, enfría y aleja a todo aquello que afecta.

Una de las cosas que más se nota en la pérdida de amigos. Hay una escena clásica de este tránsito en la que se te ve en un fotograma, compartiendo mesa con tus antiguas amistades que hace años no veías, y que quizás no volverás a ver juntas jamás desde de ese encuentro.

Con el tránsito de Saturno por la Casa XI te quedas prácticamente sin amigos, unos porque viven lejos, otros porque sufren alguna variación en su vida, como el amigo de siempre que encuentra pareja y ya no lo deja salir contigo. Se puede experimentar algún alejamiento o que ciertas amistades se enfrían. En algún momento de este tránsito suele vivirse una experiencia poco grata con una amistad, alguien muy querido de uno, haciendo uso de su autoridad, priva a la persona de un deseado viaje o impide el disfrute de una situación gratificante o anhelada o directamente te traiciona, se suele vivir como una traición que daña y te deja un resentimiento. Lo que este suceso señala: clama justicia, cuando no venganza. Cierta amistad te aparta como si fueras un apestado o un indeseable, este paso de Saturno suele sincronizar con un duro suceso difícil de olvidar.

Por otro lado, -todo no va a ser negativo - gracias a otras amistades se producen nuevas experiencias donde sale a relucir la erudición o la sabiduría personal, también se suelen realizar viajes sugeridos por otros amigos de alto nivel social, o profesional de buena formación cultural.

Si eres profesional libre ocurre otro tanto con tus clientes, muchos de ellos dejan de serlo por la distancia, bien porque ellos se han ido a vivir a otro lugar, o porque tú has cambiado de localidad y a ellos no les viene cómodo el nuevo emplazamiento. De un modo u otro se pierden clientes importantes.

Y si por una de esas, tienes yernos o nueras, te darás cuenta que, poco a poco, te tratan con el desprecio que tratan los catalanes a los que no lo somos, te crean un vacío de comunicación que acaban por excluirte e ignorarte. En ese tiempo lo único que se puede esperar de yernos, nueras o ahijados, son disgustos y gastos, ninguna alegría.

14.07 Urano transitando por la Casa XI

Cuando llega Urano a la Casa XI se revoluciona el mundo de los amigos. En esa ocasión, también se nota la influencia de Urano como un reloj de arena justo antes de entrar Urano en el escenario de los amigos; al reloj de arena apenas le quedan granos en la parte de arriba, te has quedado casi sin amigos ni clientes, y de momento, cuando entra Urano en la Casa XI parece que una mano agarra el reloj de arena, y le pega la vuelta dejando la parte de arriba llena de granos para contar un tiempo nuevo.

Casi siempre suele presentarse la oportunidad de realizar viajes especiales, originales o nada frecuentes, a lugares abiertos, en compañía de amigos. Estos viajes serán la fuente de anécdotas del futuro.

Una de las cosas que dejan recuerdo de esos siete u ocho años que dura el tránsito de Urano por esta Casa, son precisamente una serie de viajes en compañía de una nueva amistad. Tengo una fotografía de esa época, que luego la he pintado en cuadro en la que se me ve en compañía de a mi amigo Sebas, durante un viaje al Pirineo en lo alto de las montañas llenas de pirita, con las nubes como si fueran un mar por debajo de nosotros. Y es que Urano, al igual Saturno, son los dueños del signo de Acuario y te llevan a lugares altos o lejanos.

El paso de Urano por la Casa XI te hace sentir la libertad en esos viajes que no serían posibles si no hubiera nuevas amistades, esa es la clave de este tiempo, es cuando se logra realizar nuevas amistades, tan importantes que su amistad te durará hasta el final de la vida.

De igual manera el tránsito de Urano por la Casa XI, coincide con la aparición de nuevos clientes, los cuales perdurarán como tales durante muchos años.

En el tiempo en que esto ocurre, te puede pasar desapercibido y tú restarle importancia a estas nuevas relaciones, sin embargo es muy conveniente que en estos años se seleccione cuidadosamente a quién se vende, con quién se viaja, o con quién se comparte la mesa en estos, pues ellos serán los compañeros del viaje de la vida en los años futuros.

Otra de las cosas que se nota mucho en esos años del paso de Urano por la Casa XI es que tienen una extraordinaria importancia por la libertad de relaciones. Y si tienes ahijados, yernos o nueras, es el tiempo de las novedades a causa de alguno de ellos, y si no tienes, ahora es el tiempo en el que puede ocurrir que tengas un “hijo/a” político nuevo

14.08 Neptuno transitando por la Casa XI

La influencia del planeta Neptuno casi siempre se percibe en modo grupo, un fotograma ideal sería la formada contigo y un grupo de personas vestidas de marinero navegando juntos en el mismo barco saludando al dios Neptuno, el cual asoma sus barbas en la espuma del mar. Otra escena sería otra vez tú, junto a de esos mismos marineros en la taberna del puerto cantando aquello de: “ron, ron ron, la botellita del ron.........” Luego todo el mundo se va a su casa, se duchan, se visten con una sotana hasta los pies y se van a la iglesia a cantar en el coro. “Aluya, aleuya, a le lu yaaa “.

Así que cuando entra Neptuno en el escenario de los amigos, lo normal es que se forme algún tipo de grupo con los amigos, o varios grupos, a lo largo de los más de doce años que puede estar Neptuno en esta Casa.

Neptuno irrumpe de tal manera que no queda más remedio que organizarse en grupo, integrase en grupo, embarcarse en uno y mil proyectos a cuál más ilusorio, pero eso no se lo digas a una persona que lo esté pasando porque en muchos casos, durante un tiempo, ya no piensa uno por sí mismo, sino que se nota la adherencia a una creencia, filosofía o ideología política.

Mientras sucede el tránsito de Neptuno por la Casa XI, suele ocurrir que se intente la integración en algún grupo de características especiales o con contenido místico, religioso o de ideología socialista, y también músicos y camellos. En algunos casos la influencia de Neptuno por la XI significa mantener relaciones con personas del nuevo grupo, sociedad o colectivo, que pueden tener tintes sexuales y que resulta conveniente ocultar y si te ocurre a ti, sucede con nuevas personas del grupo al que perteneces.

En mi experiencia, siempre y en todos los grupos que he conocido se producen situaciones de este tipo que es mejor ocultar; tengo varias anécdotas para contar, pero me muerdo la lengua para no hablar.

Otra de las cosas que suele venir al rebufo del paso de Neptuno por la Casa XI, es una nueva relación de amistad con uno o varios personajes con cierta carga de misterio, religiosidad.

En mi experiencia, durante esos once años que pasaba Neptuno por mi Casa XI, en primer lugar organice la Sociedad de Investigaciones Parapsicológicas de Alicante, a continuación las Librerías Hermes con salas de charlas, al mismo tiempo el grupo Hermes con Parapsicología, espiritualismo, catarismo, espiritismo, hipnosis, Ovnis, lámpara Oslim, y hasta cámara Kirlian de tamaño folio. Con los correspondientes viajes en grupo, viajes "mágicos" a Montsegur y las historias terroríficas que no caben aquí. Después de eso, el retiro, y luego los "amigos del camino" encuentro con los grupos sufíes de la época cuando adopté como maestro espiritual a la Pantera Rosa; el que tenga que entender entenderá. Todo un tiempo de experiencias de grupos como nunca antes había ocurrido y como no ha vuelto a ocurrir.

Para todo el mundo durante estos años se produce una profunda transformación en el núcleo de amistades. En muchos casos señala amistades o relaciones con grupos, con quienes se participa en la mesa o en otras actividades grupales. O en el peor de los casos relacionarse con amigos enfermos, o habituados a la ingesta de productos alteradores de la conciencia.

Cuando Neptuno forma malos aspectos desde esta Casa es señal de traiciones, desengaños o amigos que nos dan la espalda. Y si tienes ahijados, yernos o nueras hay que estar atento con ellos, porque te puede costar dinero y desengaños.

14.09 Plutón transitando por la Casa XI

Con la entrada de Plutón en la Casa XI, llega el tiempo de realizar los más largos viajes de la vida en compañía de nuevas amistades. Es el tiempo de hacer amigos en lugares tan lejanos que tú jamás hubieras imaginado.

En mi caso, el año que tuve el tránsito de Plutón por la Casa XI fue espectacular en ese sentido. Viajé más lejos y más kilómetros que nunca en mi vida, y conocí personas de países tan alejados que no lo hubiera podido imaginar.

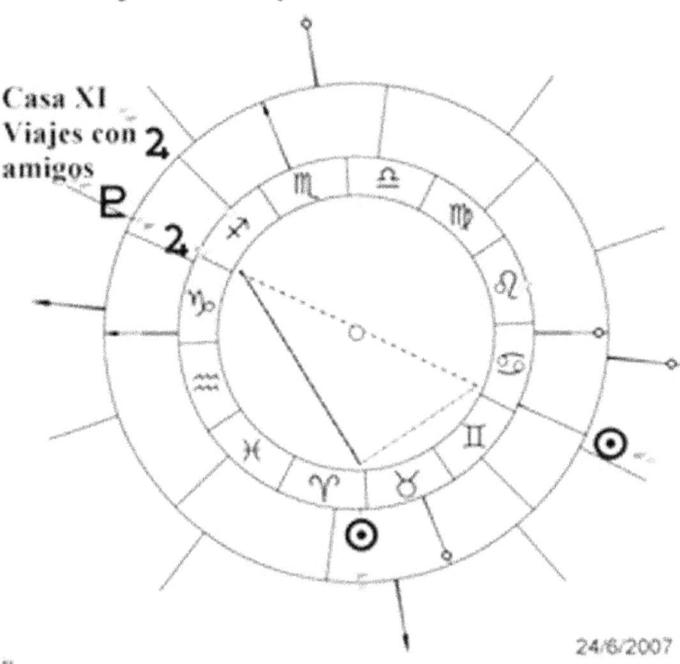

He tenido la suerte de experimentar en vivo los tránsitos de los planetas transpersonales; Urano, luego de Neptuno y después de Plutón por la Casa XI, en todos se reflejan escenas de viajes en compañía de nuevos amigos, o nuevos amigos extranjeros, los cuales se hacen durante esos viajes. Eso siempre es lo mismo, cambia el tipo de personas y los lugares donde vamos.

El día de San Juan del año 2007 estaba sentado en las orillas del lago Baikal, meditando sobre los cuatro principios del “Tsam”:

1- No creas en todo lo que está escrito.

2- Trasmite la tradición fuera de los preceptos.

3- Apunta directamente al corazón humano.

4- - Divisa la naturaleza hasta el Buda.

Del Tsam se llega al Zen. La danza Tsam se parece un poco a la danza sufí, pero es más ordenada, no tiene el formato de cúmulos globulares que son los danzantes sufíes, sino que en su danza forman en grupo un sistema planetario donde cada danzante baila girando por su órbita, esa es una de las formas de exteriorizar la espiritualidad en la República de Buratia.

Los danzantes buriatos giran alrededor de los pasillos de unos círculos, al mismo tiempo que giran en torno a sí mismos emulando los movimientos planetarios, en su girar se despliegan una especie de alas que penden de sus espaldas dando la sensación de ser seres alados, los cuales descienden momentáneamente del cielo para danzar con las fuerzas representadoras de la naturaleza y compartir un instante de su existencia con los humanos que los invocan, participando dioses, genios, demonios, hombres y animales en un cosmos vivo lleno de colorido y belleza.

Desde Ulan Ude, al sur del lago Baikal a la lamsería de Ivolginsy donde me comentaba el Lama Ganyur que viajaban los jóvenes de la lamasería de Ivolginsky, hasta el Nepal atravesando el desierto de Mongolia. Los lama rusos de Siberia siempre tuvieron contacto directo con el Nepal, en esa lamasería estaba la momia incorrupta del lama Itiguélov.

En la entrevista con el Lama Ganyr, le pregunté todo lo que me interesaba saber, me contestó todo lo que pudo o le interesó contestar. Entre otras muchas cosas me dijo que cualquier budista que estudia para lama realiza estudios de astrología, que la astrología y la medicina son estudios colaterales de los lamas buriatos. Medicina y astrología son una herramienta de conocimiento que utilizan para ayudar a los numerosos pacientes, los cuales acuden en busca de auxilio a las lamaserías. La astrología es fundamental para realizar un buen diagnóstico médico, los pulsos y la astrología es lo que usan para realizar sus diagnósticos médicos.

Estudian durante dieciséis años antes de lograr el título de Gibra o lama. Le pregunté sobre las Casas, los aspectos, sobre como construían sus horóscopos y también le pregunté sobre su fecha de nacimiento.

Resultó ser Aries del último grado, con la Luna en Piscis junto a Venus y Júpiter.

Al final simpatizó conmigo, me dijo que en la encarnación anterior fui un lama y nos ofreció, como todo un privilegio, visitar el templo donde tienen en una vitrina de cristal, como una gran urna, a Itiguélov, el lama incorrupto, y recibir la bendición.

Amarillo, amarillo fuerte, amarillo vivo, más amarillo que el amarillo del azafrán, los tejados de las pagodas templos de Ivolginsy son casi todas de color amarillo, un tigre amarillo en la entrada de los templos, el manto amarillo que recubre las vestiduras de los lamas, el amarillo de los bonetes con penacho de los monjes cuando realizan sus ceremonia, como el amarillo del fuego de una gran hoguera, como la cinta amarilla que cubre la boca de la momia del lama Itiguélov, y la cinta ancha que pende delante de la vitrina de cristal, donde exponen su cuerpo en el templo mayor.

Allí estuvo claramente representada la experiencia de Plutón. El maestro de este centro espiritual compuesto por un poblado y numerosas pagodas, es el lama Itiguélov, el último maestro lama de San Petersburgo, quien cuando llegó el comunismo pidió que lo enterrasen vivo en una caja de madera, con la orden de que no lo sacaran hasta que cayera el comunismo.

Al sacarlo comprobaron que se conservaba incorrupto y, entonces, se llevaron la momia incorrupta hasta la lamasería de Ivolginky donde imparte sus bendiciones.

Así que allí me tienes delante de una momia, la cual es el maestro espiritual y la cosa era de darle un besito a la momia y acariciar su mano. Todo eso en un ambiente de suelos y techos de madera antigua y luces tenues, lo cual hace todo más misterioso. Pues nada, besito a la momia y tocadita de mano, y si, como luego me pregunto el lama, parecía un abuelito vivo, estaba hasta un poco calentito como si estuviera vivo, eso era lo que querían escuchar. Para mí fue la experiencia de Pluton por la Casa XI, ¡glupsss¡.

Luego el lama Ganyur nos llevó a su casa y así comenzó esta nueva amistad.

Desde Ivolguinsy nos fuimos hasta el lago Baikal para entrevistarnos con un chamán siberiano.

Al final nos encontramos con un chamán que sabía de todo, que contaba de todo, que contestaba a todo, tenía una coleta larga con la mitad de la cabeza rapada, algo así como Taras Bulas con el pecho al descubierto, tenía todo el aspecto de un chamán, aunque chamán, chamán, no sé si lo era de verdad y si lo era, era un chamán un poco chapuzas. Además, nos mostró dos capillitas que tenía en su habitáculo, una capillita con temas cristianos ortodoxos y en otro lugar otra capillita con objetos del ritual chamánico,

Anatoli, así se llamaba el chamán, nos contó detalladamente las funciones y el tema de los clanes de los chamanes y nos dijo que la meta del chamán es la erudición, la sabiduría y saber curar las enfermedades. Las setas de la reserva que hay entre la bahía de Barguzín y el golfo de Chirikui, son las más exquisitas del mundo, hay toda una variedad, pero el hongo de cabeza rojiza es el más preciado de todos.

El chamán nos paseó por toda la reserva, además de mostrarnos playas inmensas, bosques frondosos, dehesas con aves y nidos de águila en lo alto de algunos grandes cedros, nos llevó donde había un chamán ahumando pescados dentro de una especie de armario, probamos el pescado y le compramos media docena de exquisitos pescados ahumados, luego nos llevó a recoger setas, recogimos más de medio cubo de preciados hongos.

Otra vez de nuevo se hizo presente la influencia de Plutón a través de los hongos y todo lo que hubo tras ello.

Anatoli el chamán, era del signo de Acuario y nos explicó las diez reglas del chamán; la primera es saber soplar vodka y la segunda ser compasivo, incluso con los espíritus que nos rodean, ser generoso y rociarlos con vodka cuando se hace un ritual, pues el chamán tiene que aprender a tratar con ellos. Al regreso a Ulan Ude la capital de Buratia, nos organizó en su casa, sin pedírselo, un ritual chamánico con esparcimiento de vodka para los espíritus. Al final nos pimplamos dos botellas de vodka y para que te voy a contar más.

En el mes de agosto de ese mismo año tengo una experiencia de Casa IX donde se nota la influencia de Júpiter que también circulaba en ese tiempo por mi Casa XI, reflejando así dos viajes excepcionales. A mediado de agosto estaba instalado en un bonito apartamento en Copacabana, a final de mes me invitaron mis amigos Patricia y Charlie a Buenos Aires ¿Cómo me iba a negar? De tal manera que en un par de meses viaje más que nunca en vida.

En ese tiempo, en el que se nota la influencia de Plutón en casa XI nuestras tendencias electivas sufren una especial transformación, y tiende a abrirse ante personas de fuertes emociones, que muchas veces son idealistas extremistas, como ecologistas, o de tendencias "alternativas", con el consiguiente riesgo de sufrir "acoso sexual "por parte de estas nuevas y atractivas amistades. Y durante los viajes se ponen al alcance de las manos las situaciones eróticas más intensas que puedas imaginar. A veces, cuando la carne es débil, se cede ante estas pretensiones y empiezan nuevas relaciones, las cuales solo terminarán con la entrada en la siguiente Casa.

14.10 Los tránsitos de los planetas por la Casa XII

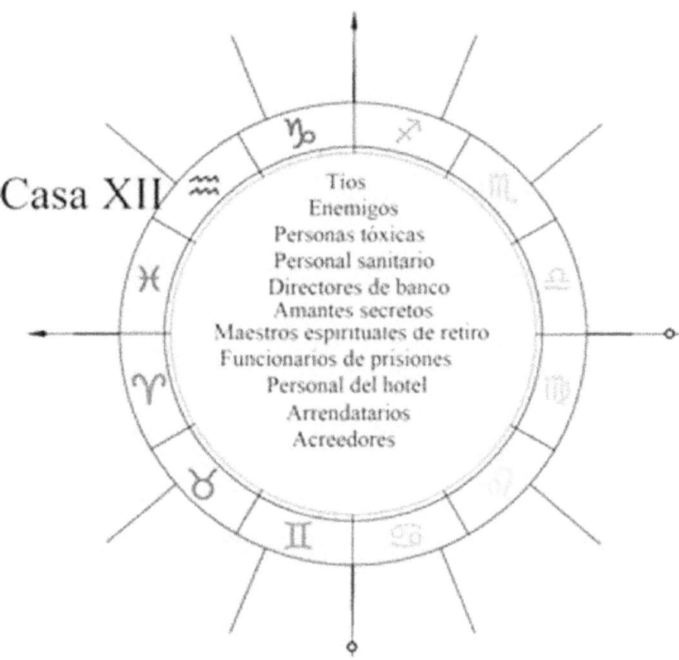

Abraham Zacuto en su "Tratado breve de las influencias del cielo", cuando escribe sobre las personas que tienen relación con la Casa XII, dice: ……" es significadora de los enemigos ocultos, los que no lo manifiestan" diferenciándolos claramente de los "enemigos declarados" que se localizan en la Casa VII. Enemigos que manifiestan que lo son, que te dicen: yo soy tu amigo, soy de tu confianza. Personas que conocen nuestros secretos y que un día, cuando tu menos te lo esperas te dañan del modo que sea, y tú no puede hacer nada. O igualmente personas que conocen tus secretos y luego, detrás de ti, hablan mal y te difaman sin tu saberlo, esos son los personajes de Casa XII, los Judas que todos tenemos.

En ese mismo escenario salen los hermanos de la madre, cuidadito con ellos porque hay mucho chorizo, mucho enfermo y algunos que son dañinos y peligrosos y no te puedes fiar. Conozco numerosos casos de abusos sexuales, del tío a la sobrina y también de la tía al sobrino. Y luego, la relación tío sobrina es la clásica del cura y su sobrina, la cual cambia el papel del cura, pero se mantiene la relación tío sobrina, siempre en un ámbito secreto o muy privado.

Es casi seguro que un día tengas que ingresar al hospital, cuando eso sucede estás “dentro” del escenario de la Casa XII. Si tienes la suerte de que en ese momento hay buenos planetas en tu Casa XII, como puede ser Júpiter o Venus, entonces el personal sanitario compuesto por médico/as, enfermero/as y auxiliares está poseído por los ángeles, y te sientes protegido y te curan y todo sale bien, pero como te ingresen y tengas un mal tránsitos, guárdate de personal sanitario porque puedes recibir mal trato.

Y si te meten al trullo porque eres un mangui o te han pillado de camello, pasa igual. Si está el tránsito de Júpiter y Venus, te encuentras con unos carceleros y carceleras de buen rollo. Ahora que, como te caiga un malage transitando por la XII, te salen unos carceleros psicópatas que te hacen la vida imposible.

Y el director del Banco, ese señor o señora tan simpático que te otorgó el crédito, también sale a escena en esta Casa, y si tienes a Júpiter transitando por la Casa XII puedes ir al Banco y pedirle un préstamo, una tarjeta de crédito, una renovación o lo que sea y el director será amable y te lo concederá. Pero como tengas un mal tránsito de un malage formando malos aspectos, ese mismo personaje tan simpático se vuelve horrible y desagradable y te embarga hasta la camisa.

Otra escena de la Casa XII. Te vas de vacaciones o de viaje de lo que sea y tienes que irte a un hotel, no importa el número de estrellas que tenga el hotel, las estrellas las llevas tú. Si tú tienes buena estrella, porque está transitando Júpiter por tu Casa XII, es casi seguro que encuentres un alojamiento cómodo, agradable donde se come bien, y si es Venus un hotel más pequeño, un hotel boutique muy agradable y donde se come aún mejor, con un personal de hostelería atento y amable; pero si transita un mal planeta por tu Casa XII cuando te vas de viaje, te tocan alojamientos incómodos o muy fríos, o muy calientes o muy estrechos o muy cerrados, o con bichos o con un personal sucio que atiende mal y a disgusto.

14.02 El tránsito de Marte por Casa XII

Cada dos años el planeta Marte transita por tu Casa XI, al poco de entrar puedes notar que ya no duermes a pierna suelta, aparece una inquietud que no se sabe bien de donde viene, puede hacer que te cueste relajarte cuando vas a dormir, algún asunto o persona puede causarte una cierta excitación que te impide descansar.

Hay personas que viven esa excitación a causa de pensamientos que tienen que ver con el tema sexual, otros simplemente están preocupados por un asunto económico, multas o apremios a los que se tiene que hacer frente.

En ocasiones este Marte se presenta en el cuerpo de un médico o del dentista, y te depara una sesión de las que corresponde a su oficio, el cual en algunos de esos tránsitos puede llegar a ser una operación quirúrgica menor.

Durante este periodo que dura algunas semanas y a veces hasta siete meses, las ganas de hacer el amor suelen disminuir, las cuestiones sexuales pueden transformarse en una carga o en un fastidio, es cuando las mujeres dicen que les duele la cabeza o que el marido cuenta que ha tenido mucho trabajo y está agotado. Pueden producirse tensiones por situaciones de impotencia o de gastos que no se pueden cubrir, etc.

A lo largo de algunas semanas es normal tener algún encuentro secreto o privado de trabajo, deportivo o de otro tipo, que en algunos casos puede llegar a ser un encuentro sexual. Sea como fuere se acaba con bastante cansancio y sueño. Lo mejor que se puede hacer en los últimos días del tránsito de Marte por la Casa XII es una terapia de sueño, necesidad de descansar.

14.03 Venus transitando por la Casa XII

Todo lo que ocurre en el escenario de la Casa XII sucede en privado, en la intimidad, muchas veces es tan íntimo lo que sucede que no pasan de ser meros sueños. Cuando Venus pasa por la Casa XII es normal tener sueños con un contenido romántico o sexual. En ocasiones más que sueños, son ensueños que ocurren justo antes de quedarte durmiendo o justo al despertar por la mañana, entonces la influencia de Venus ocupa la imagen de una persona que te ha "hechizado", que te ha mirado con una mirada que te ha estremecido un poco, pero que se queda en un plano secreto. Si ya eres mayor es más difícil que te "estremezcan", y entonces pueden venir a ocupar tus sueños asuntos de tipo económico.

Si eres una persona libre y el tránsito de Venus forma buenos aspectos con otros planetas, puede ocurrir la estancia en un pequeño y bonito hotel donde poder llevar a cabo algún encuentro secreto con sucesos de amores ilícitos, o con reuniones privadas. Pero en general no hay que esperar tanto del tránsito de Venus por la Casa XII, pues normalmente fluye o se corresponde con momentos de reposo, y calma o de sueño profundo.

Mientras dura el tránsito de Venus por la XII, es conveniente ocultar los sentimientos sobre todo si son de tipo romántico, y también si tienen un contenido económico pues en esos días se corre un cierto riesgo de escándalo por esos motivos.

En el mejor de los casos este tránsito facilita los días de cierto aislamiento placentero, reuniones agradables. Pero si forma malos aspectos se puede esperar durante unos días la pérdida, o separación temporal de la persona amada. Para algunos eso supone un disgusto que afecta a las ganas de comer, y se puede padecer una pérdida temporal del apetito con el consecuente adelgazamiento.

En lo económico también se puede notar porque echas mano a la cartera, y se puede notar la falta de dinero de bolsillo.

14.04 Mercurio transitando por la Casa XII

Mercurio se vuelve maléfico si va en compañía de un planeta maléfico, y se vuelve "buen chico" cuando acompaña a los planetas fortuna como son Venus y Júpiter.

Dice Abraham Zacuto que en la Casa XII "todos los planetas se debilitan, a excepción de Mercurio, porque es la Casa del Gozo de Saturno y en ella, Mercurio se asienta y reposa y, según Hermes señala toda ciencia y toda honra"

El tránsito de Mercurio siempre trae consigo información privada, secreta o intima que es mejor que no se sepa, puede ser un correo sobre una deuda, un correo del Banco o de un acreedor, la notificación de una multa de tráfico y cosas por el estilo.

Si eres una persona que realiza algún tipo de estudios, el tránsito de Mercurio por la Casa XII favorece las actividades en aislamiento que son las mejores para poder prepararse para los próximos exámenes o pruebas de capacitación, que bien podrían ocurrir cuando Mercurio llegue al Ascendente.

Cuando Mercurio forma un mal aspecto puede desatarse algún pequeño escándalo por pequeñas cuestiones, disgustos o enfados a causa de noticias de enfermos.

En algunas ocasiones la influencia de Mercurio se descarga o fluye a través de una alteración nerviosa causada por una reunión íntima, al dejar a la mente pensando en preocupaciones por deudas, o exigencias de los acreedores y sensación de faltar o carecer.

14.05 Júpiter transitando por la Casa XII

La Casa XII es un escenario múltiple donde se desarrolla todo aquello que nos ocurre en privado, o bien en los lugares donde hay una cierta privación de libertad como son los hoteles o los establecimientos hospitalarios.

Un fotograma del tránsito de Júpiter por la Casa XII: sales a escena tú durante la estancia en un hotel de tres o cuatro estrellas de color azul y con bastante madera, y un personal de hostelería agradable que te atiende con amabilidad con un restaurante donde se come de maravilla.

Otro fotograma del mismo tránsito puede verse reflejado en la visita a un hospital donde te atiende un médico muy bueno, o una doctora excelente que resuelve positivamente tu preocupación por tu estado salud: está usted un poco subidito de peso, el colesterol un poquito alto, el hígado un poquito graso y el azúcar también un poco alto, pero no tiene que preocuparse de nada más, con una dieta y dos pastillitas estará mejor. Y sales del médico con cara de cierta satisfacción porque de ésta no te vas a morir.

Durante el año que suele durar el tránsito de Júpiter por la Casa XII se pueden esperar acontecimientos impactantes, estancias o visitas a lugares de retiro, hospitales o emplazamientos de reclusión. Es una época en la que es bastante probable que se recurra a créditos, hipotecas o préstamos, casi siempre aparece un dinero no ganado que más tarde se tendrá que devolver. Los enemigos o los rivales salen a la luz y dejan de ser desconocidos, incluso en muchos casos, estos se transforman en amigos o aliados. Siempre se pierden algunos miedos y se facilita el ingreso en alguna asociación de índole oculta, reservada o secreta. Es posible que se tengan contactos con personas de carácter paranormal, ocultista o vidente. En otro sentido es el tiempo en el que se experimenta el peso de la justicia, indistintamente en sentido de premio o de castigo. La tradición dice que aminora los problemas, y que se puede esperar algún éxito por ocupaciones retiradas.

14.06 Saturno transitando por la Casa XII

El tránsito del planeta Saturno no es tan malo como se podría pensar, pues Saturno tiene su "Gozo" en la Casa XII y conviene recordar que cuando un planeta se encuentra en la Casa de su Gozo, adquiere dignidad o fuerza para manifestar su contenido, independientemente de su estado cósmico, de su regente o de los aspectos que reciba. El Gozo es una dignidad que facilita la manifestación de la influencia del planeta. Un planeta en su gozo es como una fuente de energía inagotable, y su influencia se escenifica de modo en que los asuntos relacionados con esa Casa se vuelven afortunados o se facilita su manifestación, pues la fuerza del planeta en su Gozo le permite fluir con más fuerza o dinamismo.

Por ello hay que pensar que el tiempo del tránsito de Saturno por la Casa XII, pueden llevarse a la práctica proyectos que se tenían en la mente desde hace muchos años; es el tiempo de materializar los sueños.

En algunos casos suele coincidir con un periodo relativamente largo, en el que se padece la enfermedad del patriarca de la familia. En muchos casos es el tiempo en el que debemos realizar tareas de sanitario, cuidando o atendiendo a personas mayores enfermas, postradas o problemáticas. Normalmente, en alguna etapa de este tiempo se visita a un mayor de la familia en el hospital. Suele vivirse la experiencia de encontrarse con el aspecto más duro y realista de la vejez.

Si aparecen aspectos tensos o determinantes, también se puede producir el fallecimiento de éste ser querido, señalando la pérdida de un familiar mayor.

En el plano social o profesional suelen acumularse las cargas y las responsabilidades, o con la obligación de responder a préstamos o créditos muy duros que serán más tarde la causa de honda preocupación, o la pérdida de bienes materiales con los que se avalan estos préstamos. Es el peor momento para pedir dinero prestado, cuesta mucho más caro y resulta muy difícil de devolver. Los banqueros, prestamistas o arrendatarios muestran su aspecto tóxico en algún momento.

14.07 Urano transitando por la Casa XII

La influencia del tránsito de Urano por la Casa XII se deja notar a lo largo de unos años, en ese tiempo se suele ganar prestigio entre grupos cerrados de amigos, se tiene mayor brillo personal dentro de grupos, colectivos o sociedades, donde se obtiene algún tipo de autoridad. Además, en esa etapa de la vida se obtienen muy buenos resultados realizando actividades en solitario. Cuando Urano se "esquina" o forma malos aspectos con otros planetas, señala una época en la que se producen deudas muy difíciles de pagar, es cuando se llega a situaciones económicas muy complicadas, o delicadas, y se tiene que recurrir a los amigos con quienes siempre se acaba deudor.

En alguna etapa de este tiempo se originan situaciones en las que podemos sentirnos traicionados por quién tomábamos como amigo, es la época de la criba de las amistades anteriores; durante estos años se descubre a las personas que son inapropiadas o equivocadas como amigos. Existe un riesgo de soledad o de sensación de carecer de buenos amigos.

En relación con las alteraciones de la salud, Urano formando malos aspectos puede afectar en modo de enfermedades neurológicas, o estados nerviosos que provocan insomnio e intranquilidad, y en algunos casos cuando Urano conecta con el Sol, pueden producirse alteraciones del ritmo cardíaco como las taquicardias.

14.08 Neptuno transitando por la Casa XII

La influencia del planeta Neptuno, cuando pasa por la Casa XII, es como un canto de sirenas que te induce a embarcarte, a formar parte de un grupo o a crear un grupo para cubrir los objetivos espirituales, políticos, sociales o culturales.

La influencia de Neptuno se escenifica cuando estamos formando parte de un grupo, y vestimos o llevamos un atuendo semejante, como cuando vas al hospital y te ponen el mismo pijama que a los demás. O como ocurre si por alguna causa te meten en el "trullo" y entonces te ponen la camiseta de rayas como a una cebra, igual que a los demás reclusos. Pero no siempre el escenario ha de ser una cárcel o un hospital. Si Neptuno forma buenos aspectos en ese escenario, podría ser un hotel de esos que ponen una pulsera en la muñeca que sirva para que comas y bebas todo el tiempo en el hotel, con toallas y albornoces para todos iguales. Neptuno fluye cuando estamos en grupo, da lo mismo el grupo que sea.

Durante 10 a más años el tránsito de Neptuno por la XII nos induce a hacer cosas en grupo, con las ventajas e inconvenientes que eso tiene. Inevitablemente Neptuno va a formar algún mal aspecto en esa Casa, entonces ya tenemos el lio servido, problemas, desengaños, engaños y alguna tragedia está asegurada.

Por otro lado, a lo largo de estos años se puede esperar un periodo de cierta soledad, de retraimiento o de introspección. En algunos casos coincide con el abandono de la profesión o de las obligaciones y el encuentro con el retiro, la excedencia o el cese laboral. Puede ser el tiempo de vivir en aislamiento o con cierto grado de soledad. Poco a poco se pierde el contacto con los amigos, y solo se mantienen a través de esfuerzos o nuevas adaptaciones. Es una época de la vida en la que suele producirse una especie de metamorfosis inconsciente, y el intento de integrarse en algún grupo especial. Es posible que se realicen actividades lucrativas en lugares retirados o con grupos reducidos.

14.09 Plutón transitando por la Casa XII

El paso de Plutón por la Casa XII siempre se hace muy largo y a veces penoso. Quienes fueron nuestros amigos de aventuras, con quienes compartimos nuestros secretos e intimidades, ahora alguno de ellos, se vuelve en contra, pasa de ser un buen amigo a ser una persona dañina y perjudicial contra la que apenas tenemos defensa.

Para muchas personas, durante el tránsito de Plutón por esta Casa suelen padecer fracasos sexuales, carencia o disminución drástica de la vida sexual, y además en ese tiempo suelen experimentarse inquietudes y desasosiego, que a veces va acompañados de intensa y atormentada vida interior con obsesiones mórbidas. Aquí entra en juego el sentimiento de culpabilidad. Es una época en la que las pulsiones profundas son al mismo tiempo el enemigo y el gran desconocido.

En el peor de los casos, cuando Plutón está mal dispuesto o con malos aspectos, puede indicar relaciones sexuales incestuosas, o en relación con personas inconvenientes, poco apropiadas y que de ningún modo conviene que se conozcan y han de permanecer en secreto u ocultas. En los peores casos con malos aspectos puede haber frustraciones sexuales, o violaciones, coacciones o forcejeos.

En el ámbito de la salud, a causa de la influencia de Plutón, pueden originarse enfermedades relacionadas con zona perianal, fístulas y similar. Es difícil librarse del proctólogo o del ginecólogo, aunque también puede haber enfermedades de la piel, o alteraciones en la tiroides.

Epílogo

Hacer astrología es mirar al cielo para ver allí un reflejo de lo que nos sucede aquí en la tierra a cada uno de nosotros. El mandala del cielo del nacimiento es un cielo, una representación del cielo que se mueve al ritmo que se mueve el cielo verdadero. Uno de esos movimientos más fáciles de entender, es el movimiento natural de los planetas en el cielo, qué al compararlos con el cielo de nuestra carta, los observamos en modo tránsitos. Esto es lo que hemos visto a lo largo de todo el libro.

Un tránsito es como una estación del año más, una estación del año personal, individual, que dura el tiempo que necesita cada planeta en atravesar cada una de las Casas astrológicas, las cuales son como los escenarios del teatro de nuestra vida.

Los planetas actúan como los artistas de cine, que una vez los vemos en el papel de un romano, y en otras películas sale de vaquero americano, es el mismo actor, pero en cada película actúa con un papel distinto; de igual manera la influencia de los tránsitos de los planetas se escenifica de distinta manera en cada uno de nosotros, aunque siempre habrá un cierto paralelismo en algo.

Benaguasil septiembre 2017